GottesdienstPraxis
Serie A

Arbeitshilfen für die Gestaltung
der Gottesdienste im Kirchenjahr

Herausgegeben von Sigrun Welke-Holtmann

GottesdienstPraxis

I. Perikopenreihe

Band 2:
4. Sonntag vor der Passionszeit bis
Quasimodogeniti

Penguin Random House Verlagsgruppe FSC® N001967

1. Auflage
Copyright © 2025 Gütersloher Verlagshaus, Gütersloh,
in der Penguin Random House Verlagsgruppe GmbH,
Neumarkter Str. 28, 81673 München

Umschlagentwurf: Finken & Bumiller, Stuttgart, unter Verwendung des
Bildes »vollbracht« von Cornelia Patschorke, © Cornelia Patschorke, München,
www.cornelia-patschorke.de
Satz: Buch-Werkstatt GmbH, Bad Aibling
Druck und Einband: GGP Media GmbH, Pößneck
Printed in Germany
ISBN 978-3-579-07591-4
www.gtvh.de

Inhalt

4. Sonntag vor der Passionszeit
Mk 4,35–41

Monika Renninger

Erste Begegnung mit dem Text

Die meisten Auslegungen der Erzählung von der Sturmstillung in Mk
4,35–41 (bzw. Mt 8,23–27 und Lk 8,22–25) finden sich in der Religions-
pädagogik. Wer kennt sie nicht oder hat sie nicht schon selbst in den
schönsten Farben und Ausschmückungen erzählt?
Ich versuche einen anderen Blick, angeregt durch Andreas Beden-
benders Habilitationsschrift »Frohe Botschaft am Abgrund. Das Markusevangelium und der Jüdische Krieg« (Leipzig, 2013), in der er die
These vom Markusevangelium als Krisendokument entfaltet: Er deutet
das Markusevangelium als poetische Reaktion auf den Jüdischen Krieg
67–70 n. Chr., auf die Verheerung Galiläas und die Zerstörung Jerusalems, als Ausdruck der Erfahrung: Wie mit solchen Krisenerfahrungen
leben? Wie glauben?

Im Markusevangelium wird hervorgehoben: Die Bedrohung der Ver-
nichtung lässt sich nicht partikular lösen, gewissermaßen nur auf das
Boot, in dem Jesus sitzt, bezogen, sondern muss für alle gedacht werden. Gerechtigkeit, Frieden und Schutz für Israel gibt es nur, wenn es
Gerechtigkeit, Frieden und Schutz weltweit gibt – für Israel und für
alle anderen. Das korrespondiert mit der Betonung des Tora-Gebots
der Gottes- und Menschenliebe als universales ethisches Prinzip
(Mk 12,28–34).

Die lange Tradition universalistischer Ethik jüdisch-philosophischen
Denkens wird derzeit u. a. durch den Philosophen Omri Böhm (Radi-
kaler Universalismus. Jenseits von Identität. Universalismus als ret-
tende Alternative, Berlin 2022) vertreten, ebenso wie durch den Politik-
wissenschaftler und Pädagogen Meron Mendel (Über Israel reden. Eine
deutsche Debatte, 2023). Meine Überlegungen entstehen in einer Zeit,

in der der Krieg in Israel, Gaza und Palästina die politischen wie intellektuellen Debatten beherrscht. Ein Krieg, ausgelöst durch den Terroranschlag der Hamas am 7. Oktober 223, verübt mit Massakern und Geiselentführungen in den Kibbuzim am Gazastreifen, die zu den ersten Gründungen der Kibbuzbewegung und ihrer universalistischen Ethik gehören, sowie bei einem Rave-Festival in der Wüste, ebenfalls ein Ausweis nichtreligiöser globaler Moderne, von universalistischen Werten geprägt.

Wie mit solchen Krisenerfahrungen leben? Religiöse Menschen fragen: Wie glauben?

Exegetische Skizze

Das Markusevangelium wurde für Menschen geschrieben, die unmittelbar von den Auswirkungen des Jüdischen Krieges betroffen waren. Am Beispiel der Erzählung von der Sturmstillung (Mk 4,35–41) und der Erzählung vom Seewandel Jesu (Mk 6,45–52) zeigt Bedenbender, welche Assoziationen die ersten Hörerinnen und Hörer des Markusevangeliums bei diesen Erzählungen gehabt haben müssen. Denn der See Genezareth, das »Galiläische Meer«, ist nicht nur der Lebensort der Jüngerschar, der Fischer vom See Genezareth, sondern auch Ort der Katastrophe für das Volk Israel unter römischer Besatzung. Der selbst als Kriegsgefangener nach Rom verschleppte Historiker Flavius Josephus beschreibt in seinem Geschichtswerk »Bellum Judaicum« im 3. Buch, wie im Eroberungsfeldzug der Römer bei der Eroberung von Tarichea in Galiläa viele Aufständische mit Booten hinaus auf den See geflohen waren. Er schildert, wie die Römer den Flüchtenden nachgesetzt und sie systematisch massakriert hatten. Den Überlebenden des Eroberungsfeldzuges war freier Abzug zugesagt worden. Doch sie wurden im Stadion von Tiberias exekutiert oder in die Sklaverei verschleppt. Das Galiläische Meer ist also auch Ort des Höhepunktes der Kampfhandlungen in Galliäa, durch die sich die Grausamkeit und der Wortbruch der Römer traumatisch in die Erinnerung eingegraben haben.

Bedenbender gibt diesem Kapitel die Überschrift: »Wenn der Sturm sich legt und der Schrecken bleibt. Das Meer von Galiläa«. Das Markusevangelium, so seine These, konfrontiert die Hoffnung auf den Gott Israels und den Glauben an Jesus als den Erlöser mit der Abgründigkeit der menschlichen Geschichte. Die humanitäre Katastrophe des Jüdischen Krieges 67–70 n. Chr. ist zugleich die christologische Krise des Markusevangeliums. Diese Spannung lässt sich nicht auflösen. Sie wiederholt sich in allen Jahrhunderten der christlichen Tradition. Er vergleicht diesen Versuch, das Geschehene zu deuten und zugleich den Glauben an Gott zu bewahren, mit jüdischen theologisch-philosophischen Ansätzen einer Theologie nach der Shoa, die sich allen Sinngebungsversuchen widersetzt und doch am Bekenntnis zu Gott festhält.

Doch nicht nur das historische Ereignis des Jüdischen Krieges 67–70 n. Chr. prägt das Markusevangelium, sondern auch die Verbindung zu den Meer-Traditionen der Bibel: Wenn Jesus das Meer schilt (4,39), verweist das auf die Chaoswasser, die Gott in seinem Schöpfungswerk bändigt, und auch darauf, wie Gott dem Volk Israel einen Weg durch das Schilfmeer bahnt (Ex 14). Wind und Sturm müssen ihm gehorchen, sich wegducken. Auch der Wind, der von Rom her weht und alle in Sturm und lebensbedrängendes Chaos reißt.

Ebenso finden sich Erzählmotive aus dem Prophetenbuch Jona, das eine universalistische Strömung in der Prophetentradition Israels repräsentiert. Jesus fährt hinüber über den See, also zu den nichtjüdischen Völkern und bringt das Heilsangebot Gottes zu den anderen, so wie Jona geschickt wird, um Gottes Gericht und Rettung über die Grenzen des Volkes Israel hinaus zu verkünden.

Die Erwähnung der »anderen Boote« (4,36) lässt anklingen, dass auch die anderen Völker von einer alles überspülenden Flut bedroht waren, die sich in den Feldzügen Roms durch diese Region wälzte. Das »Meer der Völkerwelt« ist demnach nicht nur Ort des Wirkens Jesu und seines Verkündigungsauftrags, sondern es ist auch bedrohlich real. Diese Bedrohung lässt sich nicht in der Rettung des Einzelnen lösen. Denn nicht nur das Boot, in dem Jesus sitzt, ist im Sturm unterwegs. Alle – Israel und die Völker – brauchen Gerechtigkeit, Frieden und Schutz. Der »Völkersturm«, den die Christengruppen in den Jahren des Jüdischen Kriegs 67–70 n. Chr. miterlebten, konfrontierte sie mit dem Entsetzen: Ist ihr Jesus nicht bei ihnen? Was bedeutet Jesu Da-Sein in den Schrecken der Wirklichkeit?

Dass Jesus da ist, wird im Markusevangelium wenig später noch einmal aufgegriffen und betont, in der Erzählung vom Seewandel Mk 6,45–53, die Jes 43,2 f. erzählerisch illustriert: »Wenn du durch Wasser gehst, will ich bei dir sein, dass dich die Ströme nicht ersäufen sollen ... Denn ich bin der Herr, dein Gott, der Heilige Israels, dein Heiland.« – Trost für die vom Jüdischen Krieg Traumatisierten und von apokalyptischen Ängsten Heimgesuchten.

Bedenbender zieht das Fazit: »Das Evangelium kann den Jüdischen Krieg nicht ignorieren, es lässt sich nicht an ihm vorbeierzählen, die Proklamation der Herrschaft des Auferstandenen muss durch die Passion Israels hindurch.« (Bedenbender, 237)

Die Geschichte von der Sturmstillung hat einen utopischen Schluss. Sie greift bedrängende Gegenwartserfahrungen auf, um sie in das Licht der für die Zukunft erhofften Rettung zu stellen, um diese Rettung narrativ vorwegzunehmen.

Weg zur Predigt

Schauplatz: Galiläa. Das Anbrechen des Gottesreiches, verkündigt durch Jesus, wird sichtbar in Dämonenaustreibungen, Heilungen, Natur- und Speisewundern, in der Integration sozial und religiös ausgegrenzter und von krisenhaften Lebenserfahrungen herausgeforderter Menschen. Mit der zunehmenden Ablehnung Jesu durch Familie, Heimatstadt und Volk wird von geographischen wie inhaltlichen Grenzüberschreitungen erzählt. Wer ist Jesus, und wer gehört zu ihm? Es geht um die existentielle Erfahrung: Wie können wir glauben, trotz allem und in allem, in den Krisen und Katastrophen der Wirklichkeit? Ist Gott, ist Jesus bei uns? Schauplatz: Hier.

Predigtthema

Wie in Krisenerfahrungen glauben? Wie die Welt-Angst und Lebens-Angst in die Schranken des Glaubens weisen?

Vorschläge zur Liturgie

Wochenspruch: Kommt an und seht die Werke Gottes, der so wunderbar ist in seinem Tun an den Menschenkindern. Ps 66,5

Psalm: Psalm 66, NL 904 (Regionalteil Württemberg)

Lesung: 2 Kor 1,8–11 (Epistel)

Fürbitten

Ich will mit dir rechnen, Gott,
auch wenn ich manchmal zweifle,
auch wenn ich manchmal kaum glauben kann.
Ich will mit dir rechnen,
wenn andere sagen: Es gibt doch keinen Gott.
Ich will mit dir rechnen,
wenn alles gegen dich zu sprechen scheint.
Du bist da, auch wenn ich dich nicht sehe.

Öffne mir die Augen des Herzens,
damit ich sehe, wo du bist.
Gib mir das Gespür dafür, in meinem Alltag
dein Wirken zu entdecken.
Gib mir die Gabe der Unterscheidung,
damit ich Wichtiges von Unwichtigem,
Sinn von Sinnlosigkeit trennen lerne.

Im Sturm der Zeiten, in den Wogen des Unglücks,
in den Wellen, die über uns zusammenschlagen, bitten wir:
Steh uns bei.
Reiß uns aus den Fluten der Verzweiflung,
rette uns aus den Wassern der Gefahr,
uns und alle, die uns am Herzen liegen,
in der Nähe und in der Ferne.

Lieder: EG 244 Wach auf, wach auf, 's ist hohe Zeit (Wochenlied);
NL 217 Wir gehen hinauf nach Jerusalem

Vorschlag zur Predigt

Möglicher Anfang

Wir leben in stürmischen Zeiten. Es gibt so Vieles, was uns Heutigen Angst macht. Sorgen türmen sich wie hohe Wellen auf. Wogen von Unsicherheit umspülen den Einzelnen und die ganze Gesellschaft. Eine Flut von Bedrohlichem reißt alles mit sich, was bisher fest und sicher schien. Wie in einem Sturzbach, wie in einer Flutwelle, wie in braunem Schlamm wird mitgerissen und überspült, was bisher in scheinbar geordneten Bahnen geblieben war: Kriege, Rechtsradikalismus, Terror, antidemokratische Strömungen, die Klimaveränderungen. Die Welt ist in stürmischen Gewässern, wirklich ...

Wie kann ich dagegenhalten? Ohne die Stürme zu verharmlosen? Ohne das Bedrohliche kleinzureden? Sind die Hoffnungsbilder, die ich suche, kraftvoll und tröstlich genug?

Textlesung Mk 4,35–41

Der Schauplatz heißt: Galiläa.

Das Gottesreich bricht an, so verkündet Jesus. Es ist zu sehen und zu spüren: Böse Mächte, die die Seele des Menschen besetzen, werden von ihm ausgetrieben. Er heilt, er macht Menschen satt, die Schöpfung gehorcht ihm. Wer ausgegrenzt ist aus der bestehenden Gemeinschaft, sozial oder religiös, wessen Leben durch welche Umstände auch immer ganz erschüttert ist, soll erfahren: Ich bin nicht ausgestoßen.

Auch Jesus erfährt Ablehnung und Ausgrenzung durch seine Familie, in seiner Heimatstadt, in der Region, in der er zuhause ist. Und überschreitet mit seiner Botschaft die Grenzen, ganz konkret, und im übertragenen Sinn. Die das Evangelium damals, heute hören und danach handeln, sollen spüren: Jesus ist da. In den Krisen, in den Grenzen, in den Schattenerfahrungen, in der Wirklichkeit des eigenen Lebens. Es gibt kein Schöntun über die Wirklichkeit. Aber es gibt das Vertrauen auf den Trost: Der Glaube an Jesus weist meine Welt-Angst und Lebens-Angst in die Schranken.

Der Schauplatz ist: Hier.

Das Markusevangelium wurde für Menschen geschrieben, die unmittelbar von den Auswirkungen des Jüdischen Krieges betroffen waren. In den Jahren 67–70 n. Chr. hatten die römischen Besatzer den Aufstand der jüdischen Bevölkerung in Jerusalem und in Galiläa blutig niedergeschlagen.

Der See Genezareth, das »Galiläische Meer«, war nicht nur der Lebensort der Frauen und Männer, die mit Jesus zogen und denen der See Genezareth ein auskömmliches Leben ermöglichte. Sondern im kollektiven Bewusstsein war dieser Ort auch ein Ort der Katastrophe für das Volk Israel unter römischer Besatzung. Über den Jüdischen Krieg berichtet der Historiker Flavius Josephus (Bellum Judaicum, 3. Buch) aus eigener Anschauung. Er ist einer der Kriegsgefangenen, die nach Rom mitgeführt werden und überleben. Er beschreibt, wie im Eroberungsfeldzug der Römer bei der Eroberung von Tarichea in Galiläa viele Aufständische mit Booten hinaus auf den See geflohen waren. Er schildert, wie die Römer den Flüchtenden nachgesetzt und sie systematisch massakriert hatten, so dass der See rot von Blut war. Den Überlebenden des Eroberungsfeldzuges war freier Abzug zugesagt worden. Doch sie wurden im Stadion von Tiberias exekutiert oder in die Sklaverei verschleppt. Das Galiläische Meer ist also auch Ort des Höhepunktes der Kampfhandlungen in Galliäa. Die Grausamkeit und der Wortbruch der Römer haben sich dort traumatisch in die Erinnerung eingegraben.

Als das Markusevangelium aufgeschrieben wurde, hatte sich der Sturm des Geschehens gelegt am Meer von Galiläa. Aber der Schrecken blieb. Immer wieder geben Teile des Markusevangeliums einen Blick auf diesen Schrecken frei und auch die Erwartung, es komme endgültig zu einem Kampf zwischen Gut und Böse. Und so konfrontiert die Erzählung von der Sturmstillung die Hoffnung auf den Gott Israels und den Glauben an Jesus als den Erlöser mit der Abgründigkeit der menschlichen Geschichte.

Die humanitäre Katastrophe des Jüdischen Krieges 67–70 n. Chr. stellt Gott in Frage – und damit auch Christus. Gott wird in Frage gestellt, ja. Aber: Die Frage wird an Gott gestellt. Damals, heute in den Schreckenserfahrungen von Menschen. Im persönlichen Lebensschicksal, in tödlicher Krankheit, in Unfällen, in dem, was Menschen durch unberechenbare Willkür erleben müssen. In persönlichen Lebenseinbrüchen und in den gewalttätigen Konflikten von Gesellschaften und Nationen.

Wo ist da der gnädige und barmherzige und liebende Gott? Worin zeigt sich in dieser Wirklichkeit die Gottesliebe zu seinen Menschenkindern und die Liebe der Menschen zu Gott? Diese Frage wiederholt sich in vielen Varianten und in vielen Jahrhunderten. Diese Spannung widersetzt sich allen Sinngebungsversuchen. Und hält zugleich unerschütterlich am Bekenntnis zu Gott fest, trotz allem, was geschieht.

Zum weiteren Verlauf
Erinnerungen an Erfahrungen der Rettung:
Gott bändigt die Chaoswasser der Schöpfung (Gen 1).
Gott bahnt Wege durch die Fluten des Meeres (Ex 14).
Gott spricht lebensverändernd im Sturm (Jona 1–4).
Man kann nicht nur sich selbst retten (Mk 4,36 – die anderen Boote).

Möglicher Schluss
Traumatisierte Menschen gibt es überall um uns herum, vor allem in den Kriegsgebieten der Ukraine, Afrikas, Israels und Palästinas. Sie fliehen. Mich hat die Erzählung vom Sturm, dem Jesus wehrt, an Berichte erinnert, die beschreiben, in welcher Verzweiflung Menschen über das wilde Meer flüchten. In taumeligen, überfüllten Booten, Wind und Wellen und Fluten ausgeliefert. Wenn sie es überleben und das Ufer hier erreichen, kommen sie oft genug unweit von Urlaubszielen in Europa an, und ihre kaum seetüchtigen Boote liegen neben Touristenfähren und Yachten. Sie erleben: Sie sind nicht willkommen. Sie sollen wieder abgeschoben werden.

Der türkische Schriftsteller, Sänger und Menschenrechtsaktivist Zülfü Livanelli hat einen Roman über die Menschlichkeit und über die Rettung in allem Fehlerhaften geschrieben (Zülfü Livanelli, Der Fischer und der Sohn, 2023). Der Roman erzählt: Der Fischer Mustafa und seine Frau Mesude leben in einem kleinen Dorf in der Ägäis vom Fischfang. Seit ihr kleiner Sohn Deniz ertrunken ist, zeigt sich das Glück nur noch selten. Doch als Mustafa eines Morgens aufs Meer hinausfährt, sieht er die Leichen von zwei Menschen, die auf dem Seeweg nach Europa umgekommen sind, und er rettet ein lebendes Baby aus einem kleinen Schlauchboot. Mustafa und Mesude wissen, dass sie das Kind offiziell melden müssen, doch vor allem Mustafa versucht alles, um das Baby behalten zu können und versteckt das Kind, statt es den Behörden zu übergeben. Doch was, wenn die Mutter des Kindes noch lebt? –

Wird aus überwältigtem Mitempfinden und aus tiefer Mitmenschlichkeit Eigensucht? Wird seine Kraft, gegen die Schlepper und gegen die Flüchtlingsprofiteure zu kämpfen, von seinem eigenen privaten Glück und Unglück aufgesogen? Wird ihn dieser Lebens-Sturm, den das Flüchtlingskind auslöst, diese tragisch-schuldhafte Verstrickung, in die Tiefe ziehen?

Wer kann die Flüchtenden, Verlorenen, Traumatisierten, Desillusionierten retten?
Vielleicht werden Menschen wie diese zu Helfenden –
Menschen, die in Mitmenschlichkeit handeln.
Menschen, deren Leitschnur ist, dass Gottesliebe und Menschenliebe zusammengehören.
Menschen, die ihr Vertrauen daraufsetzen, dass Jesus Wind und Wellen und Sturm und Chaos gebietet. Und wissen: Sie werden dabei gebraucht. Amen.

Kontexte und Tipps zum Text
Zülfü Livaneli, Der Fischer und der Sohn, Stuttgart 2023

Frank Bohne

Erste Begegnung mit dem Text

»Humor bei Kohelet.« Die Gastvorlesung eines Schweizer Alttestamentlers brachte nicht nur Weite ins Leipziger Theologische Seminar, sondern für mich einen überraschenden Blick: Als Botschafter gesunden Humors hatte ich den Autor bis dahin nicht verstanden. Eher als Miesepeter, in dessen Gedanken Erfolg, Wohlstand, Status und ein langes Leben als Chiffren für Glück keinen Platz hatten. Weil nichts Neues unter der Sonne geschieht. Weil menschliches Streben in Eitelkeit verfangen bleibt, auch ein als sinnvoll empfundenes Leben unerbittlich vergeht.

Lese ich das Buch als ganzes – es braucht kaum 45 Minuten – werden die Kapitel von einem Strom aus Klängen getragen, die eine fast hypnotische Wirkung ausüben. Humor? Doch der Schweizer Professor meinte es ernst: Mehrfach leuchtet nach deprimierenden Passagen die Forderung auf, wenn die Welt ist, wie sie ist, sich gefälligst an ihr zu freuen. Essen, Trinken, Zweisamkeit zu genießen! Das sei der von Gott geschenkte Lohn, die Welt zu ertragen.

Die Vorlesung ist Jahrzehnte her, doch sie wirkt in mir bis heute. Wenn »Prediger« zu predigen ist, blitzt der Gedanke wieder auf, mir jenen Lehrer aus Alt-Israel nicht mit Sorgenfalten und erhobenem Zeigefinger vorzustellen, sondern mit einem Augenzwinkern, einem Lächeln auf den Lippen.

Die Haltung ist nützlich, sich dem Text zu stellen. Gilt Humor bei den Franzosen schließlich als die »höfliche Form von Verzweiflung«. Die Verse zu meditieren bringt kaum Ermutigung. Sie benennen, worüber wir ins Klagen kommen. Wie oft müssen wir erleben, wie Menschen, die wir schätzen, weil sie für Gerechtigkeit stehen, ausbrennen und scheitern. Despoten dagegen, die für so viele Übel, Gewalt und Kriege verantwortlich sind, erfreuen sich bester Gesundheit. Die Realität schlägt unserem Empfinden oft ins Gesicht. Der Ratschlag, deshalb lieber nicht zu gerecht und zu weise aufzutreten – aber eben auch nicht allzu böse – klingt wie der Versuch sich durchzumogeln, eine Empfehlung zum Mittelmaß. Dann auch noch Gottesfurcht? Wem oder was könnte ich so entgehen?

Exegetische Skizze

Weisheitsliteratur begegnet überall im Orient. Beobachtungen an Natur, menschlichem Zusammenleben, einem intakten Staatswesen und Regeln vorbildlicher Lebensführung werden an Beamtenschulen aufgezeichnet und an nachfolgende Berufsgenerationen weitergegeben. Im Großreich Davids, erst recht am florierenden Hof Salomos, findet ägyptisch-kanaanäische Weisheit Aufnahme in Israel. Auch Erfahrungen des Einzelnen vor Gott werden nun weisheitlich reflektiert, jedoch ohne die zur jüdischen DNA gehörenden Motive Exodus, Gesetzesverkündigung, Davidsverheißung.

Im Buch Prediger setzt sich ein Lehrer des 2. Jh. kritisch mit optimistischen Ratschlägen gepflegter Spruchweisheit auseinander, dass eigenes Leben dann gelinge, wenn Frömmigkeit, Rechtschaffenheit und Klugheit mit dem Wirken Gottes zusammenkommen. Als Kohelet (fem. Partizip oder Abstraktum von »versammeln«) trägt er subjektiv seine Denk-Ergebnisse und Erfahrungen im Ich-Stil vor und überprüft durch scharfe Beobachtung landläufige Vorstellungen von Glück. Das Buch ist nach dem Vorbild hellenistischer Popularphilosophie gestaltet. Der Vf. ist Kenner orientalischer Epen, setzt beim Fragen nach Vor- und Nachteilen hellenistischen Alltags-Jargon ins Hebräisch, schlüpft zu Gedankenspielen in fiktive Rollen. Sein Lob von »Essen und Trinken« könnte auf das beliebte Symposion anspielen, wo Bildungsthemen aller Art erörtert wurden.

Prägende Vokabel bei Koh ist *habel habalim*, was Luther mit »eitel« übersetzt. *Habal* kann »Dampf/ Windhauch« oder »Nichtigkeit« bedeuten. Als Dopplung »nichtige Nichtigkeiten« könnte das griechische »*panta rei« (Alles fließt.)* im Hintergrund stehen. Statt »eitel« öfter »im Fließen befindlich« zu lesen ist reizvoll und erhellend. Konsequent vermeidet der Vf. den Gottesnamen und setzt allgemein *Elohim*.

Teil 1 (1,3–3,22) legt die Ausgangsfrage dar: Gibt es für den Menschen

»Glücksgewinn«, der frei verfügbar ist? In der Königs-Rolle werden Wohlstand, Gestaltungmacht und Bildung durchgespielt. Teil 2 (4,1–6,10) entfaltet und vertieft: Menschen scheitern an Zufällen, Zeitumständen, der eigenen Vergänglichkeit. Teil 3 (6,11–9,6) kritisiert tradierte Weisheit und setzt eigene Theologie dagegen. Teil 4 (9,7–12,7) mahnt, von der Jugend bis zum Alter Freude zu suchen, die am besten im Alltag gefunden wird.

Die Perikope findet sich in Teil 3 und darf theologisch als dessen Höhepunkt gelten. Nach dem Erörtern, was aus widrigen Gründen alles schiefgehen kann im Leben, und dass der Mensch keine Macht hat, daran Entscheidendes zu ändern – wo doch »alles im Fluss ist« – führt es den Vf. zur Frage: Was ist für den Menschen *gut?* (6,12)

7,1–12 bietet ein Intermezzo aus 6 Sprüchen zur Lebenskunst. Koh zitiert sie aus anderen Quellen oder hat sie aus der Umwelt entlehnt. Die Satzanfänge (*min-tow*) korrespondieren mit dem Begriff der o. g. Frage (*tow=gut*) und sind mit »besser als« übersetzt. In V.13–14 wird Gott ins Spiel gebracht. Gott wirkt gute und schlechte Tage, die der Mensch hinnehmen muss. Es bleibt also völlig offen, ob der Mensch die Ratschläge für seine Zukunft umsetzen kann. Mit 15a fügt Koh seine Beobachtung ein, die damaliger Weisheit völlig entgegensteht: *Beides* (»alles« hier in dualer Bedeutung) hat er gesehen: *Gerechte gehen trotz Gerechtigkeit zugrunde. Fevler genießen trotz Bosheit ein langes Leben* (15b). Die gute alte Lehre, dass Gerechtigkeit Glück garantiere, während Bosheit den Täter ruiniere, stimmt nicht. Koh kennt genügend Fälle fürs Gegenteil. Die Härte seines Urteils ist ein Paukenschlag im Alten Testament.

Dann wechselt Koh ins Du, redet dem Leser ins Gewissen: In einem zweigliedrigen antithetischen Mahnwort (16–17) rät er, weder zu gerecht und weise zu sein, noch zu gottlos und töricht. Kurze Begründungen werden jeweils angefügt. Viel Gerechtigkeit und Weisheit macht einsam. »Zugrunde richten« (Luther) ist wohl zu stark. Das Hebräische kann auch »Ödnis« bedeuten: Moralisten sind meist einsam ... Dass auf der anderen Seite sündhaftes Tun lebensverkürzend wirkt, hält Koh für Common Sense.

Die Zusammenfassung (V.18), erneut mit *tow* konstruiert, untermauert den Gedanken ironisch: Es ist ratsam, beides bei der Hand – also verfügbar – zu halten: Weisheit wie Torheit, Gerechtigkeit wie Frevel. Als Abschluss wird die Spitze gesetzt: Wer *Gott fürchtet*, entgeht *beidem*

(»allem« erneut duale Bedeutung): sowohl einsam machender, moralinsaurer Gerechtigkeit als auch gottlosem Frevel, der ins Verderben führt.
Der Abschnitt ist dichterisch in hohem Maße geschlossen. Erstes und letztes Wort (»*alles*« bzw. »*beides*«) rahmen als Bogen. V. 15+18 zeigen zueinander chiastische Symmetrie im Versmaß. In den Einzel- und Halbversen werden Endreime und Wortgleichklänge gesetzt. In V. 16+17 ist das Metrum ebenfalls chiastisch, Adjektive und Verben sind spiegelbildlich einander zugeordnet. Fein geschliffen, nichts fehlt, nichts kann als Glosse ausgeschieden werden! Emotional läuft ein »roter Faden« von scharfer Beobachtung über reflektierende Bitterkeit und Ironie zur Gottesfurcht. Die Perikope ist sprachlich wie theologisch ein Diamant.

Weg zur Predigt

Der Schlüssel liegt für mich im Verhältnis der Begriffspaare Gerechtigkeit/Weisheit und Gottlosigkeit/Torheit, die als Hendiadyoin gesetzt sind. Versteht man sie kontradiktorisch, als Entweder-Oder, wirkt der Rat von Koh unsinnig. Versteht man sie als konträre Pole eines Spektrums, als Möglichkeit zum Skalieren, ergibt sein Rat durchaus Sinn.
Gerecht (*zadik*) sind Glaubende vorstaatlicher Zeit im absoluten Vertrauen zum Gott der Väter und des Exodus. Verlust des Vertrauens ist Frevel (*raschah*). Mit der Thora kommen Kult-, Reinheits- und Schutzvorschriften hinzu. Nun sind Abgötterei und Gesetzesbruch ebenso Frevel.
In hellenistischer Zeit verschieben sich nochmals die Maßstäbe. Seit Sirach gilt die Thora selbst als Weisheit, ihre Verachtung als Torheit. Jüdischer Glaube versucht unter fremden Machthabern seine Identität zu wahren, was im Alltag zu einfachen Konflikten mit nichtjüdischen Nachbarn v. a. in Zentren wie Jerusalem geführt haben mag. Unter der Religionspolitik der Seleukiden bis zu den Makkabäern eskaliert das Behaupten jüdischer Identität jedoch in handfeste Gewalt. Landverlust, Abbruch der Davidslinie, ein z. T. fragwürdiger Tempelkult führen zu immer schärferer Thora-Observanz als verbliebenem Anknüpfungspunkt, was später in die pharisäische Bewegung mündet.
Gewiss hat kein Jude absichtlich Thoravorschriften gebrochen. Wohl aber ergaben sich Situationen, wo Kompromisse zwischen Gesellschaft

und religiöser Tradition nötig wurden. In diese Entwicklung hinein –
vor der Eskalation, als Strömungen sichtbar wurden – spricht Kohelet.
Nicht »Mediocritas«, der goldene Mittelweg als hellenistisches Modell,
ist für ihn die Lösung. Koh hebt die falsche Alternative »Thora (Weisheit) oder Gottlosigkeit (Torheit)« auf und wagt eine eigene Hermeneu-
tik, die am Begriff Gottesfurcht aufleuchtet. Dreimal steht er an mar-
kanter Stelle: In 3,14 als von Gott im Menschen grundgelegte Haltung,
in 5,6 als angemessenes religiöses Verhalten und in 7,18 als innerer
Kompass der Ethik.

Reflektierender Glaube in einer Welt, wo ohnehin »alles im Fluss« ist
und Scheitern möglich, steht in Beziehung zu Gott. Diese Beziehung
überwindet übersteigerte Bibel-Observanz (»allzu gerecht«), die Brücken zum Rest der Welt abbricht. Sie wird aber auch nicht alles mit-
machen, was möglich scheint und kurzfristigem Vorteil dient (»allzu
gottlos«). Gottesfurcht leben heißt, dieselbe Verantwortung zu zeigen,
wie Glaubende in Zeiten von Exodus und Gelobtem Land. Damit steht
Koh auffällig nah bei Luthers »Gott über alle Dinge fürchten, lieben
und vertrauen« und sollte evangelisch gut anschlussfähig sein. Glaube
zieht sich nicht auf Vorschriften zurück, sondern gestaltet.

Jüdischer Glaube liest Kohelet in der Schabbat-Liturgie zu Sukkoth. Das
Laubhüttenfest erinnert an Zwischenzustände: Zeit der Wüstenwande-
rung und der Weinlese vor der Regenzeit. Auch Glaube bleibt bei Kohelet Zwischenzustand, gewagtes Provisorium.

Im Kirchenjahr liegt unser Text auf Septuagesimä. Das Zahlwort »70«
bezieht sich nicht auf das Osterfest, auch wenn das Gottesdienstbuch
auf »nur 63« hinweist. Liturgiegeschichtlich markiert der Sonntag die
Schlussphase im Katechumenat der Alten Kirche. Dieser Tauf- und
Glaubensprozess war Ostern keineswegs abgeschlossen, sondern
erst eine Woche später am »Weißen Sonntag« (Quasimodogeniti), an
dem Neugetaufte in ihren Taufgewändern am Abendmahl teilnahmen
und so sichtbar in den Christusleib aufgenommen wurden. Also doch
70 Tage! Diesem Hintergrund tut die Perikope gut, denn sie frönt nicht
dem Kampf- und Sieg-Charakter eines Christenweges, wie alte und
neue Epistel (1 Kor 9 + Phil 2) es nahelegen. Wie das Evangelium traut
auch Koh 7 der Weisheit Gottes, setzt auf Gottesfurcht und gesteht dem
eigenen Scheitern Raum zu, was jede/r Glaubende nur zu gut kennt.

Seelsorgerlich-theologisch sei auf Henning Luther verwiesen, der dem
Wahn gelingenden Lebens, der viele Zeitgenossen antreibt, widersteht

und Koh aus der Seele spricht: »*Wir sind immer auch Ruinen unserer Vergangenheit. Fragmente zerbrochener Hoffnungen, verronnener Lebenschancen ... Andererseits ist jede erreichte Stufe unserer Entwicklung ein Fragment aus Zukunft. Es verweist uns positiv nach vorn ... Unser Leben erwächst immer aus diesem Überschuss an Hoffnung.*« (H. Luther, Leben als Fragment. Der Mythos von der Ganzheit, 1991, 267)

Im ersten Teil möchte ich den Prediger vor einer Jeruslemer Hörgemeinde erstehen lassen und seinen theologischen Mut würdigen. Im Mittelteil zeige ich missglückte und geglückte Beispiele im Justier-Versuch zwischen allzu fromm und allzu töricht. Im Schlussteil will ich die Hörenden ermutigen, den Beziehungsbegriff *Gottesfurcht* für sich selbst zu reflektieren. Im Sinne Kohelets könnten humorvolle Bonmots oder hintergründig-jüdischer Witz die Predigt gliedern.

Predigtthema

Gelebter Glaube ist Aushalten von Spannung, Ausbalancieren zwischen »allzu fromm« und »allzu töricht«. Fragment-Erfahrungen in Biographie und Gemeinde sind das Normale. Nüchternheit und Humor wirken krampflösend, wozu die Predigt verhelfen kann.

Vorschläge zur Liturgie

Psalm: 31B als Lesung von 2 Sprechern

Lesungen: AT: Jer 9,22–23; EV: Mt 20,1–16

Lieder: EG 334 Danke für diesen guten Morgen; WL: EG 452 Er weckt mich alle Morgen; Singt von Hoffnung 34 Ein Fest für Leib und Seele, für Sinne und Verstand

Vorschlag zur Predigt

Möglicher Anfang

»*Mit zunehmendem Alter wird man nicht klug. Man weiß nur, dass die anderen es auch nicht sind.*« Das hatte mal wieder gesessen. Jüngere feixten, Ältere kratzten sich am Kopf. Der Platz vorm Schreibhaus war gefüllt, wenn der Alte aus der Schreiber-Riege zu den Neuen sprach. Nicht umsonst war sein Spitzname *Kohelet,* »der Versammler«. Er war Besuchermagnet. Schriftrollen gab es viele im Jerusalemer Magazin. Phönizische, aramäische, nun auch Griechische. Schließlich war man lange schon Verwaltungssitz.

Was Bürokraten alles erfassen, wenn sie Zeit haben! Tier- und Pflanzenlisten vom Feld und aus den Bergen. Handelsgüter und Preise. Unglaublich, ein Maß Öl hat mal nur zwei Schekel gekostet! Lobeshymnen auf Regierende, die sich posthum mit Ruhm bekleckern wollten, gab es auch. Wenn die gelesen wurden, brach oft Gelächter aus. Benimm-dich-Regeln gab's, für drinnen und draußen, für Mannsbilder und Weibsbilder. Auch kluge Sprüche und Mahnungen zu frommem Leben waren dabei. Von einigen hieß es, König Salomo selber hätte sie noch diktiert ...

Das Vorlesen war das eine, die trocknen Kommentare des »Versammlers« das andere, das Unterhaltsame! Da sprang ein Funke über! Deshalb kamen so viele, um ihn im Sonnenuntergang zu hören. Nicht nur Berufsanfänger, auch Zugezogene, Leute mit Geld und Bildung. Und wie's bei Griechen üblich war, blieb man nach klugem Vortrag gern noch beisammen. Wirte brachten frische Fladen, Früchte und Wein vom Karmelgebirge. »Ich bin zu alt für schlechten Wein«, pflegte der Versammler dann einen Griechen zu zitieren. Auch er hatte offensichtlich Freude an den Abenden, wenn's nicht zu heiß war.

Heute hatte er ein riskantes Thema angesprochen: Was tun, wenn alte Regeln nicht mehr zünden? Weil die Leute, die sie hören, sie gar nicht mehr verstehen? Weil sie aus längst vergangenen Zeiten waren, wo man auf dem Land lebte, in Hütten oder Zelten. Natürlich war's noch immer derselbe Gott, den die meisten in Jerusalem verehrten. Doch es gab auch andere, die jetzt hier lebten. Jerusalem tat es gut, seit Griechen regierten. Nicht mehr der korrupte Sumpf wie früher, als alles in Auflösung war! Es wurde gebaut. Häuser, Straßen. Doch nun wollten die Zugezogenen, dass man auch ein Gymnasium baut. Für die Jugend und den Sport. Den liebten die Hellenen. Und wie es eben üblich war, rang, warf und lief man nackt ...

Das war den Strenggläubigen zu viel. »Sünde, Schande, Sodom und Gomorrha!«, schrien jene, die die Gottesgesetze ständig zitierten. Andere, Liberalere meinten: »Lasst sie doch, es ist ihr Geld! Und mit langen Kitteln kann man nun mal nicht turnen. Ihr müsst ja nicht hingehen und gaffen ...« Die Ansichten in der Stadt waren gespalten. Es gärte unter der Decke. Der Alte hatte Mut, das anzusprechen.

In den heiligen Schriften kannte er sich aus: »Wie waren die ersten Menschen unterwegs? Im Adams-Kostüm, und dann mit spärlichem Schurz! Und König David, als er Jerusalem erobert hatte, wie tanzte er da auf der Straße? Wie steht's in den Büchern? Nackt, zur Freude der Frauen!!!« Es johlte von den Stufen ...

Und dann kam es wieder, sein allseits beliebtes Seufzen: »Hebal habalim! Alles ist Windhauch, ein Haschen nach Wind.« Die es kannten, seufzten schon mit. Doch dann nahm er Anlauf, fasste Mut und sprach etwas aus, wobei man eine Nadel hätte fallen hören:

Lesung Predigttext Pred 7,15–18

Zum weiteren Verlauf

Den Predigttext nehme ich auf als besonders im AT und führe den Maßstab der Gottesfurcht ein. Der Versammler fragt das Auditorium, was sie als Juden ausmacht: Vertrauen oder Vorschriften? Strenge Moral macht einsam. Wie kann mit Fremden, Andersdenkenden zusammengelebt werden? Wo liegen Chancen, wo Grenzen?

1) Vor der Aufgabe, sich einzuordnen zwischen »nicht zu gerecht« und »nicht zu töricht«, stehen auch Kirchen. Missglückt war der Vorstoß meiner Landeskirche vor Jahren zur Sonntagsruhe. Plakate wurden geklebt, Karten verschenkt. Ein werteorientierter Dialog hätte beginnen können. Stattdessen die lieblose Stellungnahme der theologischen Abteilung des Kirchenamtes: »Der Sonntag ist heilig, denn es ist Gottes Gebot!« Schade. Das war nichts Neues unter der Sonne. Jedenfalls für die, die wussten, was Gebot bedeutet. Da waren die schöpfungstheologische und die sozialethische Begründung des AT ja selbst schon weiter. Verpasster Dialog mit dem Ethos des Grundgesetzes und der schützenden Parteinahme der Gewerkschaften für die Schwachen!

2) In der Seelsorge begegnet mir eine Erzieherin, deren ganze Leidenschaft ihr Beruf in einer christlichen Einrichtung ist. Kinder für die Liebe Gottes begeistern, es vorleben! Dafür hat sie ihn erlernt. Nach 20 Jahren sind ihre Ideale zerbrochen und verschlissen. Verwahrloste Umgangsformen postmoderner Elternhäuser, entgrenztes Verhalten, verbale und körperliche Gewalt von Kindern gegen Erzieherinnen. Oft steht sie allein. Auch in der Einrichtung kaum Rückhalt: Damit musst du klarkommen! Sie ringt. Gehen oder bleiben? »Sei nicht allzu fromm, sonst gehst du zugrunde!« Dann öffnet sich eine Tür. Eine Verwaltungsstelle an einer christlichen Schule. Dankbar kann sie ihrem Ideal auf anderer Ebene entsprechen.

3) In den 80ern entschied ich mich zum Verweigern des Dienstes mit der Waffe in der NVA. Politisch war ich damit gegen den Frieden, spielte dem Feind in die Hände. Bestimmte Berufswege waren danach verschlossen. Es war nicht der radikale Weg Jesu, anderen die Wange hinzuhalten. Es gab Freunde, die entschieden sich für Totalverweigerung und wanderten in den Bau. Vorbestraft sein, die Hackordnung des Knasts ertragen, dafür war ich zu feige und entschied mich für den Bausoldatendienst, betonierte militärische Landebahnen. Darauf bin ich nicht stolz. Es war »nicht allzu fromm«, sondern ein fauler Kompromiss. Doch es war das Mindeste. Mein Zeichen, das ich geben wollte, politisch verstanden in Zeiten atomarer Hochrüstung, deshalb »nicht allzu töricht«.

Möglicher Schluss
Jede und jeder hat Situationen erlebt, wo er durchbuchstabieren musste, nicht allzu gerecht, auch nicht allzu töricht zu sein. Im Rückblick mag manche Entscheidung wie ein Bruchstück, wie Scheitern wirken. In Zeiten des brutalen Vernichtungskrieges gegen die Ukraine würde ich mich in der Frage des Wehrdienstes heute anders entscheiden, und befürworte auch, dass ein Land und seine Menschen sich wehren können. Dafür bin ich bereit zu verzichten und Konsequenzen zu tragen, auch und grade vor Gott.

Gottesfurcht – darum ringt und müht sich Kohelet. Da ist etwas in dir und mir, das richtet uns auf Gott hin aus wie ein innerer Kompass. Christus, Gott, sein Geist trägt und erträgt mich dabei. Fromme Floskeln zum Verstecken brauche ich dabei nicht. Denn ich will ja mit meinem Glauben nicht unter meinesgleichen bleiben. Gern möchte ich ihn leben und gestalten. Wenn mit Fehlern, dann mit Fehlern. Denn es fällt Gott nicht schwerer, diese zum Guten zu wenden wie unsere vermeintlichen Guttaten, hat Bonhoeffer einmal gesagt. Damit ist nicht gleichgültig, was ich tue, im Gegenteil. Wichtig ist, dass ich Gott als Gegenüber spüre, der auf meine Entscheidung wartet. Und mich trotzdem, oder gerade deshalb, nicht verlässt.

Literatur:
Ludger Schwienhorst-Schönberger, Kohelet, ThK AT
Marvin A. Sweeney, TANAK. A theological and critical introduction to the Jewish Bible

Gestaltungsidee

Taufgedächtnisse sind vielerorts üblich. Septuagesimä in Perspektive von Koh 7 eignet sich hervorragend. Wie blicken wir auf unsere Glaubensbiographie? Als »Erfolgsbilanz« oder als »Fragment« mit Höhen und Tiefen? Dies kann mit einem Beicht- und Fürbittgebet verbunden werden.

Bilder zu Kohelet sind rar. Eine Lehrszene vor Auditorium findet sich bei Julius Schnorr von Carolsfeld, Die Bibel in Bildern (zu Sirach 1). Wem der dort Lehrende zu alt ist, sei auf das Gemälde von Frans Hals *Junger Mann mit Schädel* (ca. 1626) verwiesen: Wikipedia, Artikel Kohelet (Rechte hierfür aber unklar).

Reinhild Koring

Erste Begegnung mit dem Text

Oh je, Paulus und die Frauen, dünnes Eis! Es ist eine mir vertraute Szene. Frauen treffen sich, teilen einander mit, was sie erleben, denken, planen und tun, bilden Netzwerke. So war es anscheinend immer schon. Paulus weiß, bei den Frauen ist er an der richtigen Adresse. Er kann in Sachen Verkündigung auf sie zählen. Das Traum-Element ist geschickt platziert. So wandert das Interesse der Gemeinde gespannt mit nach Philippi. Ich orientiere mich selbst: Wohin reiste Paulus nochmal vorher, und mit wem? Es waren Reisen, die im Geist Jesu stattfanden, oft unter gefährlichen Bedingungen. Paulus und Silas sind mutig, immer volles Risiko! Lydia und die anderen Frauen, wer sind sie? Die Gemeinde soll neugierig werden. Und es geht um Mission, nicht mehr und nicht weniger. Meine Fragen: Wohin hat Kirche sich entwickelt, was heißt Mission heute? Braucht es den Begriff noch? Wenn nicht, wie nennen wir dann das, was wir tun? Was braucht es, damit die *Glaubensbewegung* überlebt? Dieses Thema sollte zumindest angedacht werden.

Exegetische Skizze

Es geht um die zweite Missionsreise (Apg 15,36–18,22). Die Versammlung in Jerusalem mit den Absprachen über die Heidenmission liegt hinter ihnen. Es handele sich um eine »Nicht-Missionsreise«, »eine überaus seltsame Zick-Zack-Route kreuz und quer durch das halbe Kleinasien, bis die Reise eine überraschende Wende nimmt«. (Conzelmann) Das beschäftigt die Exegeten. Nie vorher wurde Paulus vom Geist Gottes gehindert, in einer bestimmten Gegend zu missionieren oder hätte er durch eine Erscheinung (*horama*) ein neues Ziel erhalten (Makedonien). Der Beginn der Mission in Makedonien wird von Lukas also besonders ausgezeichnet! Dahin müssen sie auf jeden Fall! Philippi ist seit achtzig Jahren römische Kolonie. Lukas sei wohl selbst der *aner makedon*, der Paulus im Traum erscheint und um seine Unterstützung (Mission) bittet. Diese Hypothese wird von Peter Pilhofer in einer Vorlesungsreihe ausführlich begründet. Auch dass Lukas ein Bürger Philippis gewesen sein soll, da der Abschnitt (16,11–40) über Philippi recht umfangreich ist und von großem Interesse an der Stadt zeuge. Lukas bekundet mit detailreicher Schilderung (sogar die genaue Lage der Synagoge gibt er an) die Bedeutung der Stadt als erster christlicher Gemeinde in Makedonien bzw. in Europa. Und dann ist da ja noch Lydia. Der Predigtabschnitt wechselt plötzlich (16,10) in die Wir-Perspektive, deren Ursprung exegetisch kompliziert ist und für das weitere Vorgehen nur insoweit bedeutsam, als wir dem Geschehen näherzukommen scheinen. Ein »Wir« ist persönlicher. In Philippi suchen sie, wie überall, zuerst die Synagoge auf (I. Richter Reimer, Kompendium Feministische Bibelauslegung). Unter den Frauen ist Lydia. (In der Synagoge oder in der Nähe, das spielt für einige Exegeten eine Rolle!) Als eine Frau, die sich dem jüdischen Glauben verbunden fühlte (Gottesfürchtige), war sie eine derjenigen, die engagiert Initiative ergreifen und »etwas organisieren« können, bevor sie Paulus traf. In einer Frauengruppe trafen sie sich *im* Synagogengebäude *(proseuche)* zum Gottesdienst. Früheren Exegeten war es eher unmöglich, anzunehmen, dass Frauen sich darin aufhalten konnten. Das führte zum Teil zu der irrigen Aussage, dass dort keine Synagoge gewesen sein könne. Vielleicht habe Paulus' Rede die Frauen auch so gefesselt, dass sie nicht in das Gebäude hineingingen. (Pesch zit. n. Komp. Fem. Bibel) Derart herbeibemühte Deutungen (was nicht sein darf, kann nicht sein) sprechen für sich. Zur Gruppe der Gottesfürchtigen gehörten arme und reiche Menschen und mehr Frauen als Männer. Frauen haben sich aktiv im jüdischen Glauben einbringen können, das erkläre den Zulauf. Über das (schmutzige!) Handwerk und die Herkunft der Lydia aus Thyateira, einem Zentrum zur Herstellung von Purpurkleidung, heißt es: Als Purpurarbeiterin zog Lydia mit anderen Frauen und Männern mit Stoffprodukten durchs Land, um sie zu verkaufen. Die Arbeit wurde üblicherweise von Sklav*innen und Freigelassenen verrichtet. Diese Gruppen wurden auch »Haus« genannt. Lydia übernahm dann die neue (oder zusätzliche?) Rolle als Missionarin. I. Richter Reimer bezeichnet Lydias Gruppe als »Unikum im NT«. Ihr Haus bietet nach der Taufe »ihres ganzen Hauses« den notwendigen Schutz für Paulus und Silas. Das bringt die Hausherrin sofort und sehr selbstbewusst fürsorglich zum Ausdruck (V. 19 ff.). Ab jetzt sind alle gemeinsam durch Verfolgung gefährdet. Lydia wird die erste Christin in Europa. Lukas gibt ihr eine zentrale Stellung. Sie symbolisiert außerdem die Öffnung zum Heidentum. »Wir dürfen (...) davon ausgehen, dass wir es hier mit einem historischen Geschehen zu tun haben.« (Pilhofer)

Weg zur Predigt

Die herkömmliche Lesart des Textes dürfte der Missionserfolg des Paulus sein. Die Bezeichnung »Bekehrung der Lydia« (Luther 2017) klingt mir allzu passiv. Lydia ist eine Frau, die selbst zu handeln gewohnt ist, sich nicht bekehren *lässt*, sondern vielmehr die Taufe und den Glauben *wünscht*. Ich denke, sie hat vieles im Blick, lange bevor sie Paulus trifft. So bekennt sie sich bewusst zum Kyrios Jesus. Es spielt eine Rolle, wie wir Geschichte(n) schreiben und deuten (Männer-, Frauenperspektiven), was wir ausblenden und was wir fokussieren. Lydia ist offenbar auch keine reiche Händlerin, wie wir vielleicht vorher angenommen haben. Auch die Deutung des Begriffs Haus, komplettes Neuland für die Gemeinde! Der Aufstieg einer Sklavin mag wiederum auch zu hoch gegriffen sein. Es bleibt unsicher, welche Art Hausherrin sie war. Wichtig ist, was Frauen in der Glaubensbewegung vorangebracht haben, trotz zahlreicher Hindernisse. Sie ließen nicht locker, machten die Sache Jesu zu ihrem Anliegen. Wir sind indes *gemeinsam,* Männer *und* Frauen, berufen und in demselben Geist (Jesu) verbunden. (Gal 3,25 ff.) Von Beginn an nahmen sich Frauen, nicht nur Lydia, oft gleichzeitig der Lehre *und* der sozialen Bedürfnisse der Menschen an. Es wäre wünschenswert, dies künftig der Gemeinde nicht mehr als Neuheit präsentieren zu müssen, weil es jede und jeder kennt. Lydia ist, so interessant es ist, wie Lukas sie herausstellt, nicht allein, sondern sie ist eine von vielen, (steht beispielhaft für) eine *von uns* (Zuhörerinnen, Leserinnen, Gemeindefrauen). Ein weiterer Aspekt ist die Mission. Dieses Vorhaben hat viel durchgemacht!

Predigtthema

Frauen in der Nachfolge Lydias und die Belastung des Begriffs Mission. Wer sind wir heute in der Gesellschaft, in allen Umbrüchen und Veränderungen der kirchlichen Landschaft?

Vorschläge zur Liturgie

Psalmen: Ps 119,101–106; Ps 81,1–8(a)9

Gebet
Guter Gott,
es ist dein Wunsch, in uns zu wirken und mit uns durch dein Wort.
Viele Menschen, gerade Frauen in der Nachfolge Jesu, gingen uns im Glauben voraus. Ihr Bemühen, ihre Arbeit an deinem Reich wollen wir nicht vergessen.
Wir wollen uns gemeinsam weiter auf den Weg machen.
Wir bitten dich, bleib bei uns mit deinem Licht, deiner Treue, deinem Heil.
Amen.

Lieder: EG 199 Gott hat das erste Wort; EG 196 Herr, für dein Wort sei hoch gepreist; EG (Nordkirche) 611 Wohin denn sollen wir gehen; EG (Nordkirche) 612 Ein Schiff, das sich Gemeinde nennt

Vorschlag zur Predigt

Möglicher Anfang
Es herrscht ein reges Treiben auf dem Markt in Philippi. Wir zoomen einen Tisch mit bunten Stoffen heraus. Männer und Frauen versuchen, Kundinnen anzusprechen. Eine Frau scheint Anweisungen zu geben, schaut, ob die Ware auch ansprechend platziert worden ist. Schon drängen Neugierige heran. »Lydia, wie geht es dir heute«, können wir verstehen, »ist meine Bestellung dabei?«
Wir sind in Philippi, einer römischen Kolonie. Und das also ist Lydia. Vielleicht haben Sie schon von ihr gehört? Inzwischen weiß die theo-

logische Forschung mehr über sie. Ob sie ihre Waren je auf einem solchen Markt dargeboten hat, wie wir ihn vor Augen haben, ist fraglich. Von Haus zu Haus sind sie wohl damals gezogen, um ihre Stoffe unter die Leute zu bringen. Lukas hat uns in seiner Apostelgeschichte eine bedeutende Begegnung aufgeschrieben, nämlich, wie Lydia Paulus getroffen hat.

Lesung des Predigttextes Apg 16,9–15

Lydia hat »Ja« gesagt. Ja zur Taufe, zum Christentum, und »ihr ganzes Haus« gleich mit. Ganz schön selbstbewusst kommt sie mir vor! Paulus ist schließlich nicht irgendwer. Er und sein Begleiter Silas sind auf der Durchreise, wie meistens, die beiden »Weltreisenden«. Damals waren die Ausmaße des römischen Imperiums »die Welt«. Auf der zweiten Missionsreise sind sie, und doch tatsächlich durch einen Traum nach Philippi gekommen. Der erste Gang: Die Synagoge besuchen. Das war meistens ein Haus am Rande der Stadt, nach außen eher unscheinbar. Dort wurden die jüdischen Gottesdienste abgehalten. Paulus und Silas treffen eine Gruppe von Frauen an, die sich regelmäßig zum Gebet trafen. Sie sprachen sicher auch über Persönliches und Angelegenheiten des öffentlichen Lebens, so wie wir. Wir lernen den Ausdruck »Gottesfürchtige« kennen. Das waren Männer und Frauen, die dem jüdischen Glauben beigetreten waren. Das Judentum war dafür offen, und Frauen konnten sich in den Gemeindestrukturen anscheinend verhältnismäßig frei entfalten. Lydia und ihre Gemeinschaft gehörten dazu. Was müssen wir noch über Lydia wissen und über ihr »Haus«?
Als Purpurarbeiterin arbeitete sie hart für ihr Auskommen. Das Färben von Stoffen machte sehr schmutzig und wurde üblicherweise von Sklav*innen und Freigelassenen verrichtet. Lydia war also eventuell eine freigelassene Sklavin. Die Gruppen, in denen sie arbeiteten und umherzogen, wurden »Haus« genannt. Mit Frauen hat Paulus schon einige Begegnungen gehabt. Ja, ich weiß, was Sie jetzt denken: »Das Weib schweige in der Gemeinde.« Shame on him! Aber er war durchaus lernfähig. Viele Frauen übernahmen nach ihrer Taufe erfolgreich Leitungsverantwortung. Sie bauten die ersten christlichen Gemeinschaften überhaupt erst auf. Wir hören von ihnen als Mitarbeiterinnen, Glaubensschwestern, durch Paulus selbst, an allen Ecken und Enden seiner Briefe, auch in den Evangelien werden sie genannt. Sie leben in Rom oder Jerusalem, Kolossä und Korinth und Philippi. Nach so vielen

Jahren des Verschweigens oder Überlesens wissen wir nun, dass sie in der Gemeinde die Lehre Jesu verkündigten oder sozial-diakonisch tätig waren, oder beides.

Heute geht es aber auch »um das große Ganze«: Paulus' Anliegen ist die Verkündigung, die Mission. Der Glaube soll sich ausbreiten in alle Welt.

Zum weiteren Verlauf

Richtig, vor einer Taufe lesen wir den sogenannten Missionsbefehl, ich sage gerne Auftrag. Für mich hat Mission dennoch einen bitteren Beigeschmack, dadurch, was unter diesem Namen alles geschah. Inzwischen hat uns ein weiteres Thema eingeholt, damit eng verbunden: Deutsche Kolonialgeschichte und die sogenannte »Raubkunst« kamen stärker in den Blick, Rückgabeforderungen von gestohlenen Kulturgütern und andere Tatsachen füllten die Tagesnachrichten, und das ist erst der Anfang von dem, was angesprochen werden *muss*. Wir alle sind geprägt von dieser Herrschaftsgeschichte. Mission, das war gut gemeint, *damals*, als Paulus und die Seinen auszogen, berufen gefühlt haben sie sich. An seinem Reich wollten sie alle mitbauen, Gottes Reich, das mit Jesus begonnen hat. Menschen wollten sie gewinnen, »Menschenfischer« sollten sie werden, sagt der Evangelist Matthäus. Die Konfirmand* innen befürchten immer das Schlimmste, wenn sie das hören. Wie die Geschichte gezeigt hat, nicht ganz zu Unrecht. Vielleicht tut es gut, heute anders von diesem Werk Jesu zu reden, obwohl es natürlich auch gute Seiten der Missionsgeschichte gab, das ist klar (evtl. Beispiele).

Der Name Mission ist für viele Menschen aber eben belastet, wenn nicht sogar »unten durch«. Es braucht eine Standortbestimmung, und zwar in mehrfacher Hinsicht, damit »das große Ganze«, unsere Kirche, gut weitergehen kann. Alle zehn Jahre gibt die EKD eine Studie zur Mitgliedschaft heraus, zuletzt im November 2023. (Wer möchte, kann das weiter ausbauen). Mögliche Stichworte: Ernüchterung, ja, jedoch nicht so überraschend, und: Menschen erwarten weiterhin aktives Handeln der Kirche in bestimmten Bereichen wie bisher auch, trauen uns da viel zu. Lebensrituale sind immer noch gefragt, das ist schön und kann verstärkt werden, neue könnten hinzukommen! Versöhnungshandeln, Gebete, Mahnung zum Frieden u. a. bleiben unser ureigener Beitrag, sowie Ermutigung, Vergewisserung des Glaubens und gebotene Gelassenheit, bitte nicht aufgeben! Kirche geht nicht unter, ganz gleich wie oft es heraufbeschworen wird. In den Niederlanden hat die Kirche schon lange Minderheitenstatus und lebt ganz gut damit. Wir müssen uns ebenso darauf einstellen. Es gilt unaufgeregt, aber klar am Kirchenprofil zu arbeiten.

Sich öffnen für alles und jeden? (Beispiele nennen, »Wikingertrauungen« o. Ä.) Braucht es nicht im Gegenteil mehr Tiefenschärfe, das meint, eindeutiger, aber immer zugewandt, darzustellen, wer wir sind und was wir sind?

Je undeutlicher und schwammiger, beliebig dehnbarer das Profil, je größer könnte der Verlust des Ansehens, auch unter Noch-Mitgliedern (!), sein.

Möglicher Schluss

Paulus wusste, scheint es, genau, was er wollte. Auf die Frauen musste er irgendwann stärker zugehen. Gut so! Und der Glaube wuchs aus dem Ort, aus der Gegend hinaus, wurde eine Organisation. Kirche, eine ständige Aufbruchsbewegung. Wanderndes Gottesvolk! Schwindende Mitgliedschaft zu beklagen, sich sorgen, wie »der Niedergang« aufzuhalten sei, hat einerseits seine Berechtigung. (Nicht alles laufen lassen!) Aber es ist auch wenig mutig! Was wir brauchen, ist eine große Bereitschaft, mit dem Kleiner-Werden mitzugehen, Kirche umzubauen, den Glauben zu stärken mit einem Profil, dass erkennbar macht, in welchem Namen wir unterwegs sind. Es ist nicht gut, jeden und jede dabei mitzunehmen, wenn Menschen zuweilen dem Glauben eher ablehnend gegenüberstehen (Amtshandlungen?). So viel Ehrlichkeit, soviel Courage muss sein, sich abzugrenzen nach wohl überlegter Abwägung. Das beschwört nicht das Bollwerk der Tradition ohne Veränderungen, im Gegenteil. Es ist ein Verändern und Mit-der-Zeit-Gehen bei gleichzeitigem Abwägen, »was (noch) geht«. Dabei könnten mit Freude neue Formen des Gottesdienstes gefunden, Begegnungen organisiert werden mit Initiativen vor Ort, ein Miteinander. Die Präsenz von Kirche kann nicht oft genug betont werden. (Beisp. aus der Gemeinde u. a.) Phantasie und Kreativität in vielerlei Gestalt, zeitgemäße Sprache. Vieles, was bereits auf dem Weg ist, auch mit den neuen Medien, tut gut. Wir dürfen an einem großen Werk teilhaben und es bleibt genug zu tun! Wie hieß es doch gleich, Mission? Oder besprechen wir das nochmal gründlicher? Ich freue mich darauf.

Gestaltungsidee
Paulus und Lydia, ein Interview: Erzähl doch mal, Lydia! Die Predigt als Dialog ausarbeiten.

Kontexte und Tipps zum Text
Kompendium Feministische Bibelauslegung, hrsg. Schottroff, Wacker, Gütersloh 1998
Peter Pilhofer, Die Apostelgeschichte, Vorlesung Erlangen 2007/2008
Christa Möbius, Liebe Schwestern in Christus, Vandenhoek & Ruprecht 2008
https://www.swr.de/swraktuell/baden-wuerttemberg/ulm/ekd-synode-kirchenmitgliedschaftsuntersuchung-kirchenbindung-nimmt-ab-100.html (zuletzt abgerufen am 15.7.2024)

Thomas Thieme

Erste Begegnung mit dem Text

Ich suche nach der Textstelle, blättere und es macht das erste Mal »Klick«: »Marta und Maria«, denke ich, »das kennst du (in- und auswendig).«

Ich lese trotzdem, einmal, zweimal, dreimal und beobachte mich selbst: Wo merke ich auf? Bei welchen Wörtern und Worten blitzen Bilder auf. Maria zuerst. »Die kenn ich«, denke ich und denke an Weihnachten – »oder doch nicht! Ist wohl eine andere, als ich zuerst dachte.« Dann höre ich: »setzte sich dem Herrn zu Füßen«. Ich sehe Hippies, schlabbrige Hosen, große runde Brillen. Aber Joko und John lagen auf Augenhöhe im Bett! Ich sehe einen Guru und mir schwant Übles. Dann höre ich: »dienen«! Marta dient ihnen! Eine Frau dient Männern! Mein Bild wird schrill. Ich sehe Männer sitzen und die Frau devot mit Tablett und ich denke: »Wie ätzend, wie chauvinistisch.« Ich höre, wie die eine Frau sich beschwert, die andere helfe nicht. »O. k.«, denke ich, »da fehlt Solidarität, vielleicht auch soziales Verständnis, aber feministisch ist das auch nicht. Verpetzt sie ihre Schwester? Ist das so ein Geschwisterding?«

»Du machst dir zu viele Sorgen«, höre ich den Guru sagen – das finde ich gut, denn ich finde es auch blöd, mir Sorgen um meinen Abwasch zu machen, und will lieber auf der Couch chillen.

Dann ist er schon vorbei, der kurze, nur sechs Verse lange Text. Was bleibt mir, bevor die Theologenmaschine losrattert? Weihnachtliche Hippies und chauvinistische Gurus mit einer Message, die meinen Faulpelz krault. Letzteres klingt verlockend, aber ich höre die väterliche Ratio in mir: »Wer essen will, muss auch abwaschen.«

Exegetische Skizze

Die Perikope ist eine in sich geschlossene Erzählung (Lukas zeigt öfter novellistische Qualitäten; Conzelmann, Lindemann, Arbeitsbuch, 2000[13], 341) innerhalb der sog. »großen Einschaltung«, die vor allem Lukas' Sondergut enthält, dem auch die Erzählung um Marta und Maria entstammt. Sie ist vollständig aus sich selbst heraus zu verstehen, so dass Ort und Zeit innerhalb der lukanischen Jesuserzählung in ihr nicht vorkommen und auch ohne weitere Bedeutung sind. Das liegt auch am episodischen Charakter der Erzählung. Sie ist wie eine typisch moderne Predigt im Kleinen aufgebaut. Anlauf mit einer interessanten Geschichte, die in einem spannenden Konflikt mündet, dann die Jesuskurve und ... mehr kommt nicht. Die Geschichte bricht regelrecht ab. Rhetorisch ist das höchst interessant, denn was nicht erzählt wird, dass muss vom Hörenden zuende gedacht werden. Homiletisch gilt das ebenso: Besser den Hörenden zum selber Denken, Glauben, Lieben, Hoffen »über-reden«, als ihm alles wörtlich vorkauen.

Den Konflikt, den Marta mit Jesus austrägt, hat sie eigentlich mit Maria, wenn nicht sogar mit sich selbst. Jesu Antwort hat einen apodiktischen Zug und ist für Lukas erstaunlich kryptisch. Das mag daran liegen, dass *then agathen* wenig spezifisch ist und aus dem Text heraus nicht klar ist, was mit »dem Guten« gemeint ist (vgl. Baumgarten, Exegetisches Wörterbuch Bd. I, 1992[2], 12).

Andererseits galt der griechischen Philosophie (Lukas war ein gebildeter Schreiber!) »das Gute« als höchstes zu erstrebendes Ziel und »das gute Leben« war ein den Göttern wohlgefälliges Leben. Im AT hat das Gute gar göttliche Qualität, die sich dann auch im NT wiederfindet und z. B. von Lukas in 18,19 aufgenommen wird, wenn er Jesus sagen lässt: »Niemand ist gut als Gott allein« (vgl. Kittel, Theologisches Wörterbuch Bd 1, 1957, 10–16). Doch der Unterschied zwischen einem Ausspruch gleichsam in aller Öffentlichkeit und als angesprochener »guter Lehrer« (Lk 18,18) und der privaten, geradezu intimen Äußerung in Lk 10,42 bleibt evident. (Das zeigt sich auch daran, dass alle Dogmatiken und neutestamentlichen Theologien, die ich besitze, sich über den Abschnitt Lk 10,38–42 ausschweigen.)

Es wäre nicht verwunderlich, wenn dennoch eine simplifizierende Wertung herausgehört würde, bei der die Jesus-Karte zum Supertrumpf wird, der alles andere aussticht. Das gleiche Problem zeigt sich auch bei *henos chreia estin* im letzten Vers, welches nach Bauer mit »nur eines ist nötig« zwar restriktiv, aber nicht hyperbolisch zu übersetzen ist (vgl. Bauer, Wörterbuch, 1971[5], 458). »Eines« ist hier lediglich numerischer Gegensatz zu *polla*/viele. Eine platonische Überhöhung wäre m. E. in einer Predigt zu vermeiden, da sie zu einem sophistischem Argumentationsspiel wird, bei dem das Jonglieren mit unspezifischen Numeralen (eines vs. viel) Pseudoweisheit vorspiegelt und eine ernsthafte, weil ernst nehmende Auseinandersetzung gerade vermeidet.

Weg zur Predigt

Was wird eigentlich erzählt?
Also zuerst einmal – was nicht erzählt wird:
– Wer die Männer waren!
– Wie Maria reagiert hat!
– Was Jesus den Männern und Maria erzählt hat!
Wie auch immer die Geschichte auf uns gekommen ist, diese Punkte hat der oder die, haben diejenigen einfach vergessen – oder bedeutsamer, sie, er oder sie haben es bewusst weggelassen. Sollte es möglich sein, dass Jesus auch einmal etwas erzählt hat, was nicht (!) merkwürdig war und dass die Begegnung mit ihm dennoch bleibenden Eindruck hinterließ. Ist das nicht auch die Wirkung einer Predigt?!
Erzählt wird stattdessen von Martas Unzufriedenheit. Marta ist unzufrieden, weil Maria etwas nicht tut. Sie ist unzufrieden, weil Jesus etwas nicht tut. Unzufriedenheit, Ärger ist merkwürdig (in gängigem und wortwörtlichem Sinn des Wortes).

Was wird noch nicht erzählt:
– Ob Marta mit der Antwort zufrieden ist, oder stattdessen mit einer weiteren Sache unzufrieden.
– Wie Maria reagiert hat.
– Wie es am Ende des Abends in der Küche aussah.
Der rhetorisch bedeutsame Abbruch der Erzählung nach der Antwort Jesu schafft einen ruhigen Hallraum, indem zum einen die letzten Worte nachklingen (und damit um so bedeutsamer und als erinnerungswürdig unterstrichen werden), zum anderen ist das der Raum ohne redende/n RednerIn, in welchem die Hörenden zu sich selbst

sprechen können (und ich bin überzeugt, sie werden es auch). Umberto Eccos Semiotik und die Idee des »offenen Kunstwerkes« war für dieses Verständnis maßgeblich (vgl. Ecco, Kunstwerk, 1973).

Es wird m. E. wichtig sein, die Figuren nicht zugunsten einer klaren Aussage abzuwerten oder hochzustilisieren. Martas Dienst ist gut und wichtig. Marias »Zeit zuzuhören« ist gut und wichtig. Dass Gott nicht alles gegeneinander abwägt/bewertet/be- oder gar ver-urteilt, sondern zuerst einmal anerkennt, ist tröstlich, aber nicht immer hilfreich. Diese Ambivalenz gilt es auszuhalten und in der Predigt rhetorisch abzubilden, z. B. indem man die Predigt als kurze (gern auch eklektische) Sammlung von Episoden aufbaut.

Predigtthema

Mein Predigtthema lautet: Wenn du Marta bist, kann dir Maria auch nicht helfen.
Als Episoden bzw. abbrechende Geschichte(n) wäre zu erzählen:

1. Marta lädt Jesus = Gott zu sich ein. Das macht (immer) Mühe. Marta findet den Mut, sich bei Jesus = Gott darüber zu beklagen.
2. Maria sieht, dass Marta spontan Leute eingeladen hat.
   a) Macht sie das öfter?
   b) Findet Maria das gut oder schlecht?

Ein Mann ist darunter, der erzählt so gut, dass Maria ganz nah an ihn ranrückt, um besser zu verstehen. Plötzlich steht Marta da, also wird es gleich wieder was zu tun geben – aber nein, diesmal nicht.

3. Männer (und Frauen?) sind mit Jesus unterwegs und wieder einmal werden sie zum Abendessen eingeladen.
   a) Wie macht Jesus das, dass er sich immer durchschnorrt?

Jesus erzählt mal wieder eine seiner Geschichten – es gab schon so viele davon, man kann sich nicht alle merken. Und wieder gibt es Streit – wie nervig. Wenigstens ist es diesmal keine öffentliche Szene.

4. Jesus will eigentlich »vorwärts« kommen, denn bis Jerusalem ist es noch weit. Aber ständig halten ihn Leute an und auf, fragen komische Sachen und ständig muss er sie geistlich anschieben. Kaum hat

er sich vom Gesetzeslehrer mit einem langen Gleichnis gelöst, da lotst ihn diese Frau zu sich nach Hause. Jetzt kann er seine Botschaft wenigstens mal im kleinen Kreis und in Ruhe erzählen. Er wählt seine Worte noch mehr als sonst, denn alle Anwesenden sollen sie sich merken. Da unterbricht ihn diese Frau und will, dass er ihrer Schwester die Leviten liest.

Vorschläge zur Liturgie

Estomihi ist nicht mehr Weihnachtsfestkreis und noch nicht Passion. Die Liturgie muss also weder bemüht festlich noch voreilig niedergeschlagen sein.

Gebet zum Eingang
Gott, wir sind zu Gast in deinem Haus – danke für die Einladung!
Wir haben uns warm und hübsch angezogen,
aber wir haben auch dabei, was wir nicht ablegen können,
Sorgen und Mühe, Klagen und Jammer.
Wir sind hier, weil wir das abladen wollen – man wird es ja nicht los,
aber wenn du es dir anhörst, wenn du dich annimmst, dann wird es leichter, wird weniger schwer.
Ach Gott, sieh uns an, wie nur du es kannst
und schenk uns deinen Blick auf unsern Nächsten und auf uns selbst.
Amen.

Lieder: Es gibt eine direkte Umsetzung von Lk 10,38–42 im Lied »Eins ist not!« (EG 386) von 1695, welches die oben beschriebenen Lücken mit der zu erwartenden holzschnittartig antipodischen Theologie auffüllt, die alles Himmlische zugunsten des Irdischen aufwertet (oder umgekehrt abwertet). Der Rhythmuswechsel vom geraden zum triolischen Takt hat aber einen wunderbaren Zug ins Tänzerische.
»Liebster Jesu« (EG 161) ist aus derselben Zeit und versetzt die Singenden in Marias Rolle.
Einen schönen Kontrast bietet Zinzendorfs »Wir wolln uns gerne wagen« (EG 254), der im 3/4-(Walzer)Takt von fröhlicher Arbeit singt (mit dem herrlichen Reim auf »Baugerüst«).

Vorschlag zur Predigt

Möglicher Anfang

Gerüchte hatte sie schon viele gehört, doch jetzt sollte er wirklich hier vorbeikommen. Marta war fest entschlossen, ihn zu sich nach Hause zu holen. Ihre Nachbarin Schifra meinte:»Nee, der hat doch immer so viel Mischpoke im Schlepptau. Die essen die Vorräte leer und du bist eine Woche am Putzen. Nee, nee, so ein Messias macht nur Arbeit.« Marta war das egal. Ein Messias kam schließlich nur einmal im Jahr vorbei und die letzten waren alles nur Nieten. Marta hatte geträumt, mit diesem Messias würde sie das große Los ziehen. Dann kam er. Mit Anhang, mindestens 12. Marta stellte sich ihnen in den Weg und sagte (resolut):»Seid heute Abend meine Gäste!«

Die Stube war schnell voll, alle Hocker und Kissen belegt. Marta verteilte Wasser in ihrem schönsten Krug mit einer Hand, mit der anderen balancierte sie ein Tablett mit Datteln. Kaum war sie über zwei Beine gestiegen, waren Krug und Tablett leer. Immer wieder musste sie zurück zur Küche und nachfüllen. Wenn sie dabei klimperte, zischte es von drinnen:»Ruhig, der Meister spricht.« Im eigenen Haus hatte Marta noch keiner angezischt.»Wo ist eigentlich Maria? Da sitzt sie, mitten im Raum vor dem Messias.«

Marta will sie zu sich winken, doch Maria hat nur Augen für Jesus. »Soll das die himmlische Gerechtigkeit sein? Ich arbeite allein und werde dafür noch angezischt?« Marta zwängt sich durch die volle Stube zu Jesus und redet Tacheles. Und Jesus schaut sie an.

betonte Pause, dann weiter mit Teil 2, die Szene aus der Sicht Marias

Zum weiteren Verlauf

siehe oben unter »Predigtidee«

Möglicher Schluss

Endlich war Jesus den Gesetzeslehrer losgeworden. Dafür musste er ihm ein besonders langes Gleichnis erzählen. Jetzt wollte er endlich mal vorankommen. Bis Jerusalem war es noch ein Stück zu gehen und spätestens zu Pesach musste er da sein, sonst würde das nichts mit Ostern. So war der Plan, aber dem hingen sie schon zwei Tage hinterher, also los jetzt. Sie kamen zügig voran, doch schon im nächsten Stetl stellte sich eine Frau mitten in ihren Weg und verkündete:»Heute Abend seid ihr meine Gäste!«»Na gut«, dachte Jesus, »allemal besser als ein Stall« und er nickte. Die kleine Stube der kleinen Hütte hatten sie schnell gefüllt. Hier und jetzt würde er ihnen seine Botschaft noch einmal klar und deutlich sagen, in Worten, die sie nie vergessen würden. Wenn er nur einen Schluck Wasser bekäme. Er sah Marta, doch ihr Krug war schon wieder leer. Auch der zweite kam nicht zu ihm. Jesus redete sich den Mund trocken, als sich Marta zu ihm durchkämpfte. Innerlich dankte er dem Vater für diese gute dienstbare Seele, als Marta sich vor ihm aufrichtete und verärgert sagte:»Herr, fragst du denn gar nicht, wie es mir geht?«

Pause

Dann passierte, was auch euch schon oft genug passiert ist und wie es immer ist, bleibt nur zu hoffen, dass sich am Ende doch der Friede Gottes einstellte, jener Friede, der höher ist als alle Vernunft und gnädiger als alle Unvernunft, der eure Herzen und Sinne bewahrt in Christus Jesus, Gottes überraschendem Ende für unserer Lebensgeschichten.

Gestaltungsidee
Eine theatralische Umsetzung wäre möglich, wenn die einzelnen Teile in der Ich-Perspektive geschrieben wären und von »Figuren« im Kirchraum (Marta mit Tablett und Gläsern, Maria sitzt unter der Kanzel, Jünger in der Bank, Jesus auf der Kanzel oder Empore) gesprochen werden.

Symbole, Aktionen
Der Abbruchcharakter der anekdotischen Erzählung ließe sich als musikalische Irritation umsetzen, wenn Stücke oder Lieder quasi abbrechen, bevor der auflösende Schlussakkord erklingt.
Die Performance der Lesung könnte das ebenfalls aufnehmen, wenn der Schluss nicht absteigend betont wird, sondern so, als käme der entscheidende Satz noch, der aber eben nicht kommt, sondern dafür eine betonte Pause.

Kontexte und Tipps zum Text
Filme, die episodisch erzählen: Pulp Fiction (Quentin Tarantino), Lola rennt (Tom Tykwer), LA Crash (Paul Haggis)
Bücher, die episodisch erzählen: Ruhm (Daniel Kehlmann), Das Evangelium nach Pilatus (Eric-Emmanuel Schmitt)
Bilder, die episodisch erzählen: Altarbilder, besonders Retabeln

Weltgebetstag 2025: Cook Islands – Kuki Airani
Psalm 139,1–18 »wunderbar geschaffen«

Urte Bejick

Erste Begegnung mit dem Text

Die Gottesdienstordnung für den Weltgebetstag 2025 stammt von Frauen von den Cook-Inseln, einer kleinen Inselgruppe im Südpazifik vor Neuseeland. Nach dem legendären Captain Cook sind heute sie da – deutsche Touristinnen. Und so locken Reiseunternehmen im Internet mit blauem Meer, weißen Stränden, üppiger Vegetation. »Wunderbar geschaffen« – so beschreiben die gastgebenden Frauen ihre Heimat, betiteln den Weltgebetstag. Welch ein Labsal! Der Weltgebetstag 2024 »Palästina« mit seinen Kontroversen, Verzweiflung und Sehnsucht nach Frieden ist vorangegangen. Da ist die Ordnung von den Cook-Inseln doch eine Erholung – so man Themen wie Kolonialismus, Klimawandel und Gefährdung der Meere für erholsam hält. Muss das denn wieder thematisiert werden?! Ja. Die Gottesdienstordnung 2025 sprudelt über vor Lebenslust, Dankbarkeit und tiefer Zufriedenheit über so viel Schönheit – der Menschen, der Geschöpfe, der Natur und macht deren Gefährdung dadurch um so deutlicher. Meer, Strand, Pflanzen und Tiere sind keine Konsumgüter, sie sind von Gottes Atem durchdrungenes Leben und dies ist unbedingt schützenswert. »Klimaschutz« – das wird von zu vielen noch mit »Verzicht«, »Gängelung«, »Humorlosigkeit« verbunden – die Frauen von den Cook-Inseln zeigen, wie die Sorge um Klima und Umwelt sinnlich und lustvoll thematisiert werden kann.

»Wunderbar«– als Lesung haben die Frauen Psalm 139,1–6 gewählt. Wunderbar – Gottes Hand oben, unten, hinten, vorne, im Atem, im Denken. Wunderbar – hier regt sich in meinem (europäischen) Denken doch ein gewisser Widerstand. »Gott ist dir nah« – aber so dicht? Unter der »Hand Gottes« oder doch »under his/her thumb«? Durchdrungen durch und durch – oder bis ins letzte Geheimnis überwacht,

Entkommen unmöglich? Und wer bin ich denn, wenn ich als westlich geprägter Mensch nicht mehr »autonom«, »unabhängig«, »selbstständig« bin?

Die Ordnung von den Cook-Inseln kennt diese Bedenken nicht. Gott überall, schützend, haltend, durchdringend! Ja, jeder Mensch ist laut Psalm ein von Gott handgefertigtes Unikat. Die Ordnung feiert dies mit kleinen Körperübungen im Gottesdienst – atmen, sich bewegen, wie es auch das traditionelle Morgenlied kennt: »Dass unsre Sinnen wir noch brauchen können und Hand und Füße, Zung' und Lippen regen, das haben wir zu danken seinem Segen.« (EG 447,3) Wunderbar! Nur singen nicht alle mit. Mir ist die Vorbereitung auf einen »Frauensonntag« mit dem Schwerpunkt »Das Hohelied« in eindrücklicher Erinnerung. Erotik, Liebe, Schönheit – wunderbar. Aber gerade dieses Thema löste bei manchen Frauen Trauer und Beklemmung aus: erotisch anziehend, schön, wunderbar, das sind immer nur die anderen. Schönheit hat in unserem gesellschaftlichen Kontext meist keinen verbindenden, sondern einen ausschließenden Charakter.

Psalm 139 ist also in unserem Kontext zwiespältig, kann unterschiedlich gelesen und verstanden werden. Daher wenden wir uns jetzt der Exegese zu.

Exegetische Skizze

Psalm 139 ist ein Manifest der »Ich«-»Du«-Beziehung zwischen Mensch und Gott. Diese Grenze wird vom Göttlichen allerdings ständig überschritten, denn Gott »kennt« den Menschen »durch und durch«. In den Versen 1–12 versucht der betende Mensch dieser allzu festen Umarmung so fasziniert wie verzweifelt zu entkommen durch die Flucht an die Weltgrenzen und an mythische Orte. Die Schilderung der vergeblichen Fluchtversuche schlägt in den Versen 13–16 um in den Rückblick auf die eigene Erschaffung, bis sie in den Versen 17–18 in staunende Bewunderung der göttlichen Allgegenwart mündet. Die Verse 19–24 bitten um Bewahrung der eigenen Integrität angesichts gewalttätiger Menschen. In der Ordnung der Cook-Inseln fehlen diese Verse – die Anbetung endet im Staunen.

Ist Psalm 139 ein Lied des Vertrauens oder des Entsetzens vor der göttlichen Allwissenheit? In den Versen 1–12 versucht die Beterin/der Beter erfolglos, Gott zu entfliehen: »Von vorn und hinten hast du mich umschlossen« in Vers 5 kann auch übersetzt werden: belagert, umzingelt. Wohin die betende Person sich wendet – die *ruach* Gottes (Vers 7) ist überall, selbst im Schattenreich. Das klingt bedrohlich, wobei *ruach* aber auch die göttliche Lebenskraft bedeutet und so positiv konnotiert ist.

Das Motto des Weltgebetstags konzentriert sich auf die kleine »Schöpfungsgeschichte« Verse 13–16. Die höchst individuelle Erschaffung jedes Menschen erfolgt auf zweierlei Art. In der Erde und dann im Mutterleib. Die Erderschaffung verweist auf die Muttererde, die nach Gen 1,11 auf Gottes Geheiß selbständig Leben hervorbringt. Aus Erde wird die Gattung Mensch geknetet, in der Erschaffung dieser Spezies sieht der betende Mensch bereits sein eigenes »Ich« vorweggenommen. Dieses erhält im Mutterleib seine individuelle Prägung. Zuerst werden die »Nieren« gebildet. Neben dem Herzen sind die »Nieren« in der biblischen Anthropologie der Sitz von Gefühl, von Gewissen. Die Nieren sind ein verletzliches Organ, das auch auf verbale Attacken empfindlich reagiert (Ps 73,21), der gewissenhafte Mensch wird »auf Herz und Nieren« überprüft (Ps 26,2; Jer 11,20). Gott kennt und umhüllt mit seiner Hand also die empfindlichsten Organe des Menschen, seine ganze Verletzlichkeit. Um diese herum werden dann Körper und Individualität »gewoben«, das Hebräische *rqm* meint das verfertigen von Zeltdecken oder bunten Geweben. Gott ist Weberin, die aus einem formlosen *golem (Vers 16)*, hier wohl ein Knäuel aus Garnen, ein buntes Gewebe erschafft, das die Kochen als eine Art Stäbchen aufrecht halten.

Ob kunstvoller Webteppich, Schmusetuch, robuste Plane – jeder Mensch ist ein Unikat. Und das »Wunderbare« ist nicht Verstand, Gestalt, die Art des Aussehens, sondern liegt im Angesehensein bei Gott, in der tiefsten Empfindsamkeit und im bunten Lebensgewirk! Vers 14 bringt in Anbetracht dieser Erkenntnis die Wende von der bedrängenden Angst zum Staunen:

»Ich danke dir, dass ich auf erstaunliche Weise wunderbar geschaffen bin.

Wunder sind deine Taten, meine Lebenskraft weiß darum.«

Die Gottesdienstordnung zitiert hier BigS, Maier übersetzt »Ich danke dir, dass ich in Ehrfurcht gebietender Weise ausgesondert bin.

Wunderbar sind deine Werke und mein Ich weiß es wohl.« Ob »Ich«
oder »Lebenskraft« – gemeint ist die *nephesch*, der göttliche Atem-
hauch in Menschen und Tieren (Gen 2,7). *Nephesch*, oft übersetzt
mit »Seele«, ist die in Lebewesen wirkende Kraft, bedeutet aber auch
»Kehle«. Auch die Kehle ist ein empfindsames Körperteil, sie kann
eng werden und sich weiten, sie braucht den Atem und ist daher auch
der Inbegriff von Begehren und Bedürftigkeit. In dieser Ambivalenz
von Lebenskraft und Verletzlichkeit erkennt die Beterin/der Beter als
nephesch die als bedrängend erlebte Allgegenwart als staunenswert
und schützend an.

Weg zur Predigt

Historisch-kritische Exegese – das ist die wissenschaftlicher Redlichkeit
geschuldete Herangehensweise »westlicher« Theologie. Betrachten wir
die Ordnung 2025, entdecken wir einen anderen Zugang: hymnisch,
sinnlich und im wahrsten Sinne des Wortes »bewegt« in einem Gottesdienst.
Kann Psalm 139 auch anders gelesen werden, in weniger schroffer Dua-
lität? Was, wenn »Gott« von Anfang an nicht als stalkender »Er« erfahren wird, sondern als durchdringende Lebenskraft, als göttliche Bunt-
weberin, die den individuellen Menschen in ein umfassendes Gewebe
von Mensch, Tier, Pflanzen, Erde und Himmel einwebt? In der Maori-
Tradition ist »Mana« solch eine durchdringende Kraft, die in den Lebewesen, im Ozean, selbst im Stein noch wirkt. In der biblischen Tradition sind es *ruach* und *chokma*, die die Welt durchdringen und am Leben
halten (Gen 1,2; SapSal 7,22–27). Das »erkennen« in Ps 139,1 kann im
Hebräischen vieles bedeuten: erkennen, lieben, sich kümmern. Kann
man unter diesen Voraussetzungen den Psalm auch so deuten: Ob am
Ende der Welt oder gar im Totenreich – immer ist da kein göttlicher
Überwachungsapparat, sondern der lebensstiftende, »kümmernde«
Geist Gottes? Freilich ist der Geist kein bloßes Prinzip, kein *elan vital* –
nach SapSal 1,6–8 überflutet die Weisheit als göttlicher wie menschen-
freundlicher Geist das All – »erkennt« aber auch jeden übelwollenden
Gedanken. Also doch ein göttlicher Überwacher? Ps 139,19–24 und Sap-
Sal 1 bezeugen die göttliche Geist- und Lebenskraft auch als Wahrerin
der menschlichen Integrität. Gottes Liebes- und Lebenskraft ist keine

neutrale, der Natur inhärente Kraft, sie ist als lebensschützende Energie auch mit Gerechtigkeit und gewissenhaftem Lebenswandel verbunden. Deshalb wird der Mensch »erforscht«, deshalb bedürfen die »Nieren« besonderen Schutzes. Ja, schrecklich schön sind Menschen geschaffen – schrecklich und schön wie das ganze Leben. Schön und schrecklich in ihrer Freiheit, die sie sanft und lebensfördernd oder verbrauchend und schädigend gebrauchen können.

Predigtthema

Die Predigt kann sich auf die kleine, in ihren Aussagen einmaligen »Schöpfungsgeschichte« konzentrieren. Wir Menschen sind mit allen Lebewesen »Erde«, hängen mit Jahrmillionen Erdgeschichte zusammen. Wir haben wie alle anderen Lebewesen Eltern, hängen von anderen ab. Wir sind »individuell«, da von Gott angesehen, ausersehen, in unserer Verletzlichkeit erkannt und ummantelt. Wir sind eingewebt in das Tuch des Lebens, das ganz von Gottes Lebensatem durchdrungen ist. Diese Lebenskraft lässt uns selbst im Totenreich nicht allein. Diese Verbundenheit mit allem ist wunderbar – aber auch ein Auftrag, schützend und respektvoll mit allen anderen Lebewesen, mit der Erde, Wasser und Luft umzugehen.

Liturgie und Gestaltungsvorschläge

Die Liturgie ist vorgegeben in der Ordnung des Weltgebetstags 2025. Der Psalm ist zugleich der Predigttext.
Die Ordnung der Cook-Inseln sieht im Gottesdienst Atem- und Bewegungsübungen vor. Vielleicht wären dies auch Elemente für einen Gottesdienst zu Psalm 139 auch außerhalb des Weltgebetstags: Momente der Stille und des Innehaltens, um das Wunder des eigenen Atems zu spüren, das Licht im Kirchenraum zu sehen, die eigene Beweglichkeit beim Aufstehen und Setzen, Gesangbuchhalten und Singen bewusster wahrzunehmen. Jeder Mensch wird von Gott selbst geschaffen und angesehen – dies gilt auch unabhängig von geschlechtlicher Identität, unabhängig von Gestalt und Aussehen. Der Gottesdienst kann daher

den Psalm auch aus der Sicht queerer Theologie oder/und von Menschen mit Behinderung auslegen und feiern.

Lieder: Lieder finden sich in der Ordnung des Weltgebetstags 2025. Ergänzend: EG 165,5–6 Gott ist gegenwärtig; EG (Baden) 659 Die Erde ist des Herrn

Vorschlag zur Predigt

Möglicher Anfang

Träumen Sie von einem Haus am Meer? Von Freiheit und Weite? Das wäre schön, aber auch ein bisschen schrecklich. Ich bitte alle Meeresliebhaber und -liebhaberinnen um Verzeihung: Denn ich gebe zu: Als Binnenländerin macht mir das Meer auch immer etwas Angst.

Der Urozean ist nach biblischem Zeugnis von Anfang der Welt Quelle des Lebens, aber die Erde ist ihm abgerungen, wird von ihm immer auch bedroht. Und so sehe ich auf der Karte die Kuki Airani, die Cook-Inseln in den Weiten des Südpazifik: eine kleine Perlenkette aus Inseln und Atollen im Blauen, wunderschön und doch ausgesetzt, schutzbedürftig und exponiert in der Weite des Ozeans. Eine Enklave für Pflanzen, Landtiere und Menschen, fast wie die schimmernde Erde in der Leere des Alls. Und um diesen einzigartigen Planeten und die kleinen Inselchen darauf – so behaupten Menschen, die diesen Psalm beten – kümmert sich Gott. Und nicht allein darum, sondern auch um jeden einzelnen Menschen. Und dies bereits vor dessen Eintritt in Raum und Zeit. Eine seltsame kleine Schöpfungsgeschichte entfaltet sich da mitten im Gebet: Noch verborgen im Schoß der Erde werden Menschen erkannt. Im Erdenschoß werden die Knochen gebildet. Und so ist es ja auch: In unseren Knochen und in den Knochen der Tiere findet sich Muschelkalk, der sich vor Millionen Jahren abgesetzt hat. Wir sind buchstäblich Erdgeschichte und Ozeangeschichte. Aber wir sind auch Lebewesen, die Eltern haben, von anderen Lebewesen abhängen. Im Mutterleib, sagt der Psalm, kümmert sich Gott zuerst um die Bildung der Nieren. Die Nieren, dort sitzen in der biblischen Körpersymbolik das Gefühl, das Schmerzempfinden, das Gewissen des Menschen. Worte und Gewissensbisse können »an die Nieren« gehen. Sie sind Kern der Verletzlichkeit im Menschen. Und um diesen webt die göttliche Handwerkerin Schicht für Schicht Schutzhüllen, Planen, bunte Tücher, jeder Mensch wird eingewebt ins große Gewebe des Lebens. Medizinisch korrekt sind diese Aussagen nicht – aber schrecklich schön. Schrecklich schön wie jeder Mensch – staunenswert wunderbar in seiner Verletzlichkeit, Eigenheit und Güte und schrecklich in seiner Freiheit zu irren, zu verletzen und die eigene Schönheit und die seiner Mitschöpfung zu missachten.

Zum weiteren Verlauf

»Wunderbar geschaffen«, »schrecklich schön« – bei manchen Frauen mag im Kopf ein »Ja, aber ...« erklingen – Beine zu kurz, Nase zu dick, Haare zu dünn. Die Predigt könnte sich der Selbstannahme und Freude an sich selbst widmen. Hier ist aber Vorsicht geboten, um nicht in Klischees »Für Gott bist du schön« oder Bestärkungen allgemeiner Ratgeberliteratur zu verfallen. Wer sich selbst als ungenügend empfindet, ist nicht nur Opfer ständiger Selbstoptimierung – es geht tiefer um Anerkanntwerden, Geliebtsein, Ansehenhaben – und das nicht nur bei Gott, sondern gerade auch bei den Menschen!

Der Psalm bietet hier heilende Ansätze: Er kümmert sich nicht um die äußere Gestalt des Menschen, sondern sieht das Wunder im ganzen Lebensgewebe, im Eingewebtsein in größere Zusammenhänge, aber auch in der tiefen inneren Verletzlichkeit. Psalm 139 durchbricht in seiner kleinen Schöpfungsgeschichte aber die Konzentration auf die eigene Individualität – jedes Lebewesen ist mit Liebe und Hand von Gott gebildet – und hängt doch durch seine Erdhaftigkeit, Atem und Gotteskraft mit allen zusammen.

Die als Wunder erfahrene Lebendigkeit gilt aber auch außerhalb des eigenen Ich – sie wirkt in Tieren, Pflanzen, in Erde und Ozean. »Leben« und »Schönheit« konstituieren das »Ich« nicht nur als abgeschlossenes »Individuum«, sondern als den Atem teilendes Wesen innerhalb der Natur. Nicht nur der Mensch ist in seinen »Nieren« verletzlich, die ganze Schöpfung ist es. Gerade das Staunen über das Wunder erschreckt, wo es dessen Gefährdung erkennt. Verschmutzung der Meere, Klimawandel, die Zerstörung menschlicher Körper durch falsche Ernährung sind auch Thema der Ordnung von den Cook-Inseln. Statt – wie es übelwollende Klischees ausdrücken – »Verzicht« zu predigen, setzt die Ordnung auf Lebensfreude. Gerade überbordende

Lebenslust führt zur Einsicht, zu freiwilligem Unterlassen dessen, was Umwelt und Klima gefährdet.

Möglicher Schluss

Was wäre, wenn im Psalm, im Gebet nicht ein die herumflatternde Seele stalkender »Er« besänftigt würde, sondern eine lebendige, schützende, liebevolle Kraft gepriesen? Alle Enden der Erde sind von ihr erfüllt, ja, selbst im Schattenreich des Vergehens hört sie nicht auf. Sie umfängt den Menschen in seinem Nochnicht, und lässt ihn im Nichtmehr nicht los. Eingewebt wird jeder einzelne Mensch in das große Gewebe des Lebens. Oft ist ihm dies nicht einsehbar, womöglich wird das Lebensmuster erst nach und nach erkannt, vielleicht in diesem Leben nur unzureichend. Aber da ist die Zusage: wunderbar! Und auf sie vertrauend sind Menschen aufgerufen, mit am Lebensgewebe zu wirken, es zu erhalten und zu schützen. Und was wäre, wenn wir die Lebenskraft Gottes in allen Geschöpfen, in den Tieren, Pflanzen, Steinen, Erde, Wasser, Luft am Wirken sähen? Wie würden wir bauen, uns ernähren, kleiden, arbeiten, sähen wir uns nicht als Mängelwesen, die sich immer neu behaupten müssen, sondern als Wunder im Wunder, mit allem verwebt? Wie schrecklich schön!

Vorschläge zur Ergänzung

Aus dem Gedicht »Der Himmel« von Wislawa Szymborska

....
Ich muss nicht warten auf die klare Nacht,
den Kopf nicht nach oben recken,
um den Himmel zu betrachten.
Den Himmel hab ich im Rücken, zur Hand, auf den Lidern.
Der Himmel umhüllt mich dicht
Und hebt mich vom Boden.

Sogar die höchsten Berge
Sind dem Himmel nicht näher
Als die tiefsten Täler.
An keinem Ort gibt's von ihm mehr

Als an einem andren.
Auf der Wolke lastet der Himmel ebenso
Rücksichtslos wie auf dem Grab.
Der Maulwurf ist genauso himmelfahrend
wie die Eule, deren Flügel beben.
Was in den Abgrund fällt,
fällt von Himmel in Himmel. ...
Der Himmel ist allgegenwärtig,
sogar im Dunkel unter der Haut.
Ich verspeise Himmel, scheide Himmel aus.
Ich bin die Falle in der Falle,
ein bewohnter Bewohner,
eine umarmte Umarmung,
Frage in Antwort auf eine Frage.

Die Teilung in Himmel und Erde
Ist nicht die richtige Art
Das Ganze zu bedenken.
Sie erlaubt nur zu überleben
Unter einer genauen Anschrift,
die schneller zu finden ist,
sofern ich gesucht werden sollte.
Meine besonderen Kennzeichen sind
Die Begeisterung und die Verzweiflung.
Wislawa Szymborska, Die Gedichte, Hamburg. o. J., 165 f.

»Wir essen das Licht der Sonne. Pflanzen, die mit dem Wunder der Photosynthese Lichtstrahlen einfangen und in Nahrung verwandeln, um unseren Körper am Leben zu halten ... Unsere Knochen setzen sich aus dem Kalk der Gesteine zusammen, die sich wiederum aus dem Panzer prähistorischer Muscheltiere gebildet haben. ... Molekül unserer Atemluft, die wir in diesem Moment in unsere Lungen holen, wurde schon zigtausendfach geatmet von Dinosauriern, von Jesus, Buddha, Mohammed. Von Tieren, Pflanzen, Bäumen.«
Geseko von Lüpke, Wir sind Erde, in: Die Erde. Unendlich kostbar. Unendlich verletzlich, Oberursel, März 2016

Literatur:

Matthias Köckert, Ausgespäht und überwacht, erschreckend wunderbar geschaffen: Gott und Mensch in Psalm 139. Hermann Spieckermann zum 60. Geburtstag, ZThK 107, 4/2010, 415–447

Christel Maier, Beziehungsweisen. Körperkonzept und Gottesbild in Ps 139, in: Hedwig-Jahnow-Forschungsprojekt, ed., Körperkonzepte im Ersten Testament. Aspekte einer feministischen Anthropologie, Stuttgart 2002, 172–188

Jürgen Moltmann, Weisheit in der Klimakrise. Perspektiven einer Theologie des Lebens, Gütersloh 2023

Silvia Schroer/Thomas Staubli, Die Körpersymbolik der Bibel, Darmstadt 1998

Julia Neuschwander

Erste Begegnung mit dem Text

»Es ist noch eine Ruhe vorhanden für uns und das Gottesvolk«, »Heute, wann immer ihr Gottes Stimme hört …«, »Gottvertrauen aber ist: Grundlage dessen, was Menschen hoffen und Beweis von Dingen, die Menschen nicht sehen«, »Vergesst nicht die Gastfreundschaft, denn durch sie haben einige, ohne es zu wissen, Engel, Abgesandte Gottes beherbergt«. Der Hebräerbrief empfängt mich wieder – freundlich, und sofort wird er eindringlich mit seinen vielen markanten Sprüchen, die mir gleich in den Sinn kommen und die mich schon früher bei vielen Kirchentagen, Universitätsgottesdiensten und im Studium sehr beeindruckt haben.

Der Hebräerbrief predigt dabei für mich auf seine eigentümliche Art und Weise Barmherzigkeit, Mitgefühl, Versöhnung und Befreiung. Mit seiner eindrucksvollen Symbolik, die langer Tradition entnommen ist, Überbietung des Bisherigen werde ich immer mehr in seinen Sog mit hineingenommen. So anders ist diese Bildsprache als alles, was meinen ganz normalen Alltag bestimmt! Vieles wirkt auf mich fremd, harsch und streng. Erst beim längeren Lesen erschließt sich mir das Strömende, Befreiende, Erlösende unter den Worten, das zutiefst Erfreuliche: dass nämlich die Wirklichkeit, die ich täglich so unmittelbar erlebe, keineswegs alles ist, sondern es darüber hinaus ein Geschehen gibt mit großer Wirkung, unabhängig von dieser Welt. Ein Geschehen, das heute mit großer Kraft auf mich trifft – auf mich und mein spirituelles Ersehnen und Erleben.

Exegetische Skizze

Die Perikope fordert uns – vorgesehen für den ersten Sonntag in der Passionszeit – auf, gerade jetzt am Bekenntnis zum mächtigen Hohepriester, dem Gottessohn Jesus, festzuhalten. So groß und mächtig dieser Hohepriester auch ist, ein Hohepriester, der alle alttestamentlichen Vor-Bilder überbietet: Er zeichnet sich – vielleicht für manche überraschend – besonders durch sein Mitgefühl aus. Dieser Hohepriester in den höchsten Himmeln ist nicht fern von uns, denn er kann mit uns Menschen mitleiden (*sympathesai*) in all unseren Schwachheiten, weil er uns selbst in (fast!) allem gleich war und somit auf die Probe gestellt wurde wie wir! Anders als wir Menschen ist er aber niemals der Sünde verfallen und hat sich dabei von Gott entfernt. Dies wird in aller Gleichheit deutlich betont.

Wie der Hebräerbrief an anderer Stelle beschreibt, wird deutlich, dass dieser Hohepriester Jesus dadurch keineswegs zunächst für seine eigenen Sünden Opfer bringen müsste, wie das irdische Priester tun, sondern er ganz und gar »für uns« Versöhnung erwirken konnte und auch erwirkt hat an diesem einen großen Versöhnungstag. Das »ein für alle Mal« (*ephapax*) gilt dabei für alles, was da geschehen ist (Heb 7,27). Dieser mächtige Hohepriester ist »mitleidsfähig« oder »sympathisch«, so beschreibt es Erich Grässer in seinem Kommentar zur Stelle (EKK XVII/1, Neunkirchen 1990, 242 ff.). Der Zuspruch des Heils wird dabei in V. 14 ganz schnell verbunden mit der Aufforderung zum Bekenntnis. Der Hebräerbrief eröffnet den Angesprochenen eine »unvergleichlich bessere Heilschance«, so Erich Grässer. Für den Verfasser des Hebräerbriefes ist diese Teilhabe am erwirkten Heil Christi nichts, was erst in der Zukunft ganz am Ende eines langen Laufes läge, sondern jetzt und unmittelbar ist dieses Heil zugänglich und wirksam (ebd., 265). Die zum Thron der Gnade herzutreten, erfahren demnach nichts weniger als Heilsgewissheit.

Das Durchschreiten der Himmel ist dabei das in diesem Sinne eigentliche Heilsgeschehen: Mit seiner Himmelsreise bricht Jesus die Bahn für alle, die ihm nachfolgen. Durchschreitet die Himmel, dringt immer tiefer vor wie einst der Hohepriester im Jerusalemer Tempel einmal im Jahr am Versöhnungstag immer tiefer ins Allerheiligste des Tempels vordrang, der allerdings ja nur flüchtige Versöhnung für das Volk erwirken konnte.

Jesus überbietet nach dem Hebräerbrief das alttestamentliche Hohe-
priesteramt und sein Heilsmittlertum in einzigartiger, einmaliger und
unnachahmlicher Weise. Dass dieser mächtige Hohepriester Gottessohn Jesus gleichzeitig in der Lage ist, mit uns Menschen in unserem
ständigen Zufallkommen (*tais astheneiais hemon*) mitzuleiden, liegt
daran, dass er in fast allem uns Menschen gleich geworden ist, und
führt somit zu folgender Konsequenz: Jesu Mitleid-Haben dürfen wir
uns nicht als freundliche Stimmung oder Gestimmtheit für unsere
Schwachheiten vorstellen, sondern dieses Mitgefühl-Haben des Hohepriesters Jesu bietet gleichzeitig sofortige, unmittelbare und erlösende
Hilfe für uns! Und somit werden wir dringend aufgefordert in der Perikope, nun doch auch bitte aktiv zum Thron der Gnade heranzutreten,
wo wir all dies finden können. An dem doch unser Unrecht vergeben
wird und wir hilfreiche Zuneigung finden.

Weg zur Predigt

Die ausgefeilten Beschreibungen des mächtigen, mitleidsfähigen
Hohepriesters zielen alle darauf ab, denen, die Jesus nachfolgen, Heilsgewissheit, Erbarmen und Befreiung zu vermitteln. Dabei ist dies
alles bereits ein für alle Mal geschehen. Das Ende des alten Opferkults
bringt uns Befreiung. Das Durchschreiten der Himmel ist das eigentliche Heilswerk, das der einmalige Hohepriester Jesus für uns getan
hat, sozusagen Karfreitag und Himmelfahrt in einem. Wir haben dabei
in Jesus Christus keinen »abgehobenen« Hohepriester, sondern einen,
der mit unseren Schwächen mitfühlt, da er selbst in allem Menschlichen auf die Probe gestellt wurde. Durch das einmalige (Selbst-)Opfer
Jesu ist Barmherzigkeit und Befreiung ein für alle Mal und »heute« für
uns erwirkt. Wenn wir uns dies in der Predigt zusprechen lassen, erfahren wir Befreiung von unseren Verstrickungen in Schwachheit und in
den Ängsten in dieser Welt.

Predigtthema

Befreiung von Ängsten, Ermutigung, Vertrauen, Hoffnung auf gute
Zukunft

Vorschläge zur Liturgie

Gebet

(...) Weil du unsere einzige Zuflucht bist,
bitten wir dich voller Vertrauen
für alle, die deine Wahrheit bezeugen,
dass sie im Alltag nicht müde,
in Bedrohung nicht feige werden,
dass sie bei Erfolgen demütig bleiben –
gib Mut zum Reden,
Tatkraft zum Handeln,
Vollmacht zum Beten,
Geduld im Leid.

Du, Herr, ewiger und allmächtiger Gott,
bist unsere einzige Hoffnung.
Unsere Seele ist unruhig,
bis sie Ruhe findet in dir.
Tief wie das Meer,
hoch wie der Himmel
ist das Geheimnis deiner ewigen Gegenwart.
Unergründlich ist deine Macht.
Unausschöpflich ist deine Liebe.
Unvorstellbar ist unsere Zukunft in deinem Reich.
Ehre, Preis und Anbetung sei dir,
dem Vater und dem Sohn und dem Heiligen Geist,
jetzt und immerdar
und von Ewigkeit zu Ewigkeit.
Amen.

Manfred Josuttis, Über alle Engel. Politische Predigten zum Hebräerbrief, München 1990, 72

Lieder: Lied nach dem Psalm/Eingangsgebet: NL+ 125 Du bist heilig, du bringst Heil; Lied nach der Predigt: EG 354 Ich habe nun den Grund gefunden, der meinen Anker ewig hält; Segenslied: NL+ 118 Der Herr segne dich

Vorschlag zur Predigt

Möglicher Anfang

»Ich sag' es dir jetzt ein für alle Mal, kippel' nicht weiter mit dem Stuhl!« – »Ich hab' es dir doch ein für alle Mal gesagt, dass du nicht immer an den Fingernägeln herumkauen sollst.« – »Ein für alle Mal: lass' das!«

Was Kinder nicht gerne hören von Eltern oder anderen Bezugspersonen, hat in der Theologie des Hebräerbriefes eine schöne Bedeutung: Das Wort »ein für alle Mal«, *ephapax* auf Griechisch. Es bringt Ruhe und Frieden, Erleichterung und Hoffnung in verzagte Herzen, es lässt uns aufatmen und neuen Mut fassen angesichts einer Weltgeschichte, von der wir nicht so genau wissen, ob sie für uns und kommende Generationen gut ausgehen wird.

Ein für alle Mal ist in Christi Tod am Kreuz Sühne für unsere Sünden erwirkt, das Heil ist ein für alle Mal für uns alle in der Welt. Ein für alle Mal hat der himmlische Hohepriester ein Opfer dargebracht, indem er sich selbst darbrachte. Ein für alle Mal hat er damit die Sünden gesühnt, die die Menschen auf sich geladen hat. So beschreibt es der Hebräerbrief. Dieses Opfer muss dabei nicht immer wieder wiederholt werden, so wie unsere menschlichen Schwachheiten und Verfehlungen jeden Tag wieder neu deutlich werden, denn ein solcher Hohepriester, heilig, ohne Falsch, makellos, getrennt von den Sündern und in größere Höhen erhoben als die Himmel, hat es nicht nötig, Tag für Tag, Opfer darzubringen. Sein großes Opfer zur Versöhnung gilt *ephapax*: ein für alle Mal.

»Politische Predigten« nannte der Göttinger Theologie-Professor Manfred Josuttis seine 35 Predigten zum Hebräerbrief, die er 1990 in einem Buch veröffentlicht hat. Allein die Anzahl zeigt, wie es ihm – er selbst bekannter, geschätzter Predigtlehrer, Mystagoge und Uniprediger im Göttinger Universitätsgottesdienst – der Hebräerbrief offensichtlich angetan hatte.

Wenn Manfred Josuttis in seinen Texten angesichts dieses »Ein für alle Mal« auch von einem Ende des Opferkults spricht, denkt er ganz konkret an die vielen Verirrungen und Wirrungen, denen wir Menschen ausgesetzt sind und in die wir uns gerne verwickeln.

Macht es Sinn, sich selbst für eine Sache aufzuopfern? Ist das eine gute Haltung, andere »retten« zu wollen, wenn ich selbst dabei draufgehe? Droht mir als Christin, die Gutes in die Welt bringen will, das sogenannte »Helfersyndrom«, wenn ich über dem Helfen mich selbst und meine eigenen Bedürfnisse sträflich vernachlässige? Macht es als Christ Sinn, für eine Sache zu kämpfen, Opfer zu bringen, koste es was es wolle, und am Schluss kostet es sogar mich selbst?

»Wenn der Hebräerbrief das Ende der Opferzeit proklamiert«, schreibt Josuttis, »dann geht es nicht nur um eine Reformation der Religion, um die Abschaffung des Opferkults in den Gottesdiensten. Sondern dann ist die Weltgeschichte am Ende. Dann brauchen keine Söhne und keine Töchter, keine Tiere und keine Könige mehr zu sterben, damit die Welt wieder in Ordnung kommt und damit das Leben weitergehen kann. Wenn auf Golgatha der erste und einzige Priester das letzte und einzige Opfer vollbracht hat, dann ist die Geschichte, wie sie weitergegangen ist, und dann ist die Art, wie wir leben, absurd. Dann ist es ohne Bedeutung, ob wir für ein Land, für eine Idee, für das Geld, für den Ruhm, für andere Menschen das Leben geben. Dann ist die Art, wie wir leben, und die Tatsache, dass wir so leben müssen, von Grund auf verkehrt. (...)« Soweit Manfred Josuttis in seiner Predigt »Der Priester als Opfer« aus dem Jahr 1982 (Über alle Engel. Politische Predigten zum Hebräerbrief, München 1990, 83).

Zum weiteren Verlauf

An dieser Stelle könnte der Text von Manfred Josuttis noch einmal ganz praktisch entfaltet werden. Was bedeutet das für unseren »Opferkult«, dem wir immer noch erliegen?

Wie kann ich daraus aussteigen?

Wie werde ich frei?

Was bleibt immer noch für mich zu tun?

Wo engagiere ich mich dann wie in welcher Haltung?

Der Predigttext Hebr 4,14–16 könnte im Anschluss noch einmal gelesen werden, vielleicht vor der Predigt und an dieser Stelle in der Übersetzung der Bibel in gerechter Sprache. Im Verlauf des Mittelteils der Predigt könnten auf diesem Hintergrund aktuelle Ereignisse und das Gesamterleben der aktuellen Zeit aufgegriffen werden. Gerade jetzt aus dem letzten Jahr fallen mir politische Gefangene verschiedener Unrechtssysteme ein, die – im Rückblick gesehen – wohl sehr bewusst den eigenen Tod in Kauf nahmen, als sie sich offensichtlich gegen ein sichereres Leben im Asyl fern der Heimat entschieden hatten und in die Bedrohung zurückkehrten. Ein insgesamt unsicheres Lebensgefühl – sei es durch Klimawandel, aktuelle gesellschaftliche Strömungen, die Weltlage – durchzieht möglicherweise zurzeit bei vielen das tägliche Erleben. Matt-Sein nach dem Winter, noch nicht bereit sein für Aufbruch und Neubeginn, wie es uns an Ostern und Himmelfahrt erwartet, mag – auch bei Christ*innen – zu dieser Zeit vorherrschen. Mehr oder weniger geduldig sein bis hin zu offen ungeduldig sein mit den eigenen Schwächen und den Schwächen anderer, liegt manchmal wie ein Tuch über allen zwischenmenschlichen Kontakten.

Der Hohepriester, der »über unsere Schwächen Mitleid empfindet« und »genau wie wir in allem auf die Probe gestellt« wurde, aber sich dabei »nicht von Gott« »entfernte«, wird im Hebräerbrief sehr herausragend, erhaben und dabei gleichzeitig uns Menschen ganz nah beschrieben. Seine Besonderheit besteht darin, dass er selbst als Hohepriester nicht zunächst für sich selbst opfern muss wie die irdischen Priester, da er ja »ohne Sünde« versucht worden ist. Spannend wäre es, an dieser Stelle vielleicht mit Freude und Staunen herauszuarbeiten, wie genau Jesus mit dem Bild des mächtigen, mitfühlenden Hohenpriesters beschrieben wird: den Menschen ganz nah, ein Mensch unter uns und andererseits der Hohepriester, der ein für alle Mal das Heil für uns erwirken konnte. Der gleichzeitig »heilig« ist, »unschuldig und rein, anders als die Menschen, die sich von Gott entfernen, und höher als der Himmel« (Hebr 7,27). Weil er mit uns Menschen weiter Mitleid empfindet, wenn er nun die höchsten Himmel durchschritten hat – und somit das Heil ein für alle Mal für uns erwirkt hat –, ist er uns bei aller Entfernung nah.

Möglicher Schluss

Ganz großes Kino am ersten Sonntag in der Passionszeit: Der große Hohepriester Jesus, der Sohn Gottes, durchschreitet in seinem prunkvollen Hohepriesterornat die Himmel, durchdringt einen Vorhang nach dem nächsten, lüftet die dahinter liegenden Geheimnisse und tritt immer tiefer in die innersten Räume des Tempels ein.

Sein Ziel ist das Allerheiligste, der hinterste Raum, der mit einem Vorhang verdeckt ist. Der Ort, an dem ein für alle Mal Sühne für alle Menschen erwirkt werden kann, und von dem es heißt, dass die, die dahin vordringen, dies mit dem Tode bezahlen.

Ganz großes Kino. Der Verfasser des Hebräerbriefes schöpft dazu großzügig aus dem reichen Fundus der Bilder und Mythen des Alten Testaments, bekleidet Jesus, den Sohn Gottes, mit uraltem wertvollem Ornat, interpretiert das völlig neue Heilsgeschehen mit längst vergangenen Worten und Motiven als etwas zutiefst Einzigartiges, das alles zuvor Dagewesene so sehr überbietet, als dass es jemals wiederholt werden müsste.

Ganz tief und ganz hoch. Höher als alle Engel sind, in den allerhöchsten Himmeln. Ganz großes Kino.

Wie wäre auch sonst zu verstehen, dass das Heil der Welt sichtbar durch den Tod eines Menschen zu uns kommt? Tod ist Tod und ein Tod vor den Toren Jerusalems, wie es Jesus erlitten hat, muss wohl so schmachvoll gewesen sein, dass dem von sich aus nur schwer ein heilvoller Gedanke abzugewinnen wäre. Vor den Toren sterben nur die Gescheiterten, die Verbrecher, die Aufrührer und Erfolglosen. Was genau soll bei diesem Anblick – bitte – in irgendeiner Weise prunkvoll und heilsbringend sein?

Sich opfern für das Volk – nach dem Hebräerbrief hat zumindest im Blick auf unser Heil vor Gott Jesus, der große Hohenpriester, bereits alles für uns getan. Wir selbst brauchen uns nicht mehr aufzuopfern für unser Heil. Wir sind erlöst, wir brauchen nicht mehr weiter leiden für unsere Erlösung. Unser Heil ist uns ja durch Jesus und sein Selbstopfer bereits zugefallen durch Gnade und Barmherzigkeit, predigt uns der Hebräerbrief. Dabei ist Jesus auch der letzte, der sich selbst sinnvoll aufopfern musste, erzählt der Hebräerbrief. Das alles ist insgesamt eine große Erleichterung.

Jesus, der Sohn Gottes, der große Hohepriester durchschreitet die Himmel. Sein Durchschreiten ist – biblisch beschrieben – der sogenannte große Versöhnungstag, für uns Karfreitag und Himmelfahrt in einem. Und er erwirkt damit und mit seinem Tod, dem Opfer am großen Versöhnungstag, ein für alle Mal das Werk, das somit auch einmalig bleibt und für immer gilt: die große Sühne für alle Sünden des Volkes. Barmherzigkeit und hilfreiche Zuneigung. Ein Heilswerk, das so groß und einzigartig ist, dass es nie mehr wieder wiederholt werden muss.

Liebe Gemeinde, ich sage es euch jetzt ein für alle Mal: Die Weltgeschichte wurde ab Christi Geburt neu geschrieben. Alles ist anders. Es gilt uns das »Heute« im Jahr 2025, das »ein für alle Mal« des Hebräerbriefes. Wir schreiben das Jahr Null. Ab jetzt geht die Weltgeschichte einen neuen, heilvollen Verlauf. Denn in der Theologie des Hebräerbriefes hat das Wort »ein für alle Mal«, *ephapax* auf Griechisch, eine schöne Bedeutung. Es bringt Ruhe und Frieden, Erleichterung und Hoffnung in verzagte Herzen, es lässt uns aufatmen und neuen Mut fassen in einer Weltgeschichte, in der der Ausgang längst entschieden ist. Denn der wird in irgendeiner Weise leicht und gut, voller Barmherzigkeit und hilfreicher Zuneigung. Und die Dinge kommen alle in Ordnung.

Amen.

Kontexte und Tipps zum Text

›Wir haben die Hoffnung wie einen sicheren und festen Anker für unsere Seele, und sie reicht hinein bis in das Innere des Tempels hinter dem Vorhang. Dort hinein ging Jesus als Vorläufer für uns und wurde ein Hoherpriester nach der Ordnung Melchisedeks in Ewigkeit.‹ Hinter dem Vorhang, im Allerheiligsten im Himmel – dort sitzt Er, der Sohn, der Priester, das Opfer, unser großer Bruder. Er hat unsere Schmerzen getragen. Er war einsam und verlassen wie wir. Er hat unsere Tränen geweint. Er ist unseren Tod gestorben. Er ist uns vorangegangen in eine Welt, in der kein Eid und kein Versprechen mehr nötig sind. Hinter dem Vorhang ist die Hoffnung zu Hause. Unsere oft unruhige und manchmal gequälte Seele geht dort, ganz weit oben und ganz tief unten, vor Anker. Im Abgrund Gottes finden wir Ruhe.

Manfred Josuttis, Über alle Engel. Politische Predigten zum Hebräerbrief, München 1990, 71

Reminiszere
Joh 3,14–21

Claudia Neuguth

Erste Begegnung mit dem Text

Der Jesus des Johannesevangeliums redet, philosophiert, führt in langen Ketten aus und fügt bisweilen Gedanken aneinander, die eine Verbindung suchen. Auch in den Versen, die für den Sonntag Reminiszere vorgesehen sind, spricht der Theologe. Für manchen Hörer und manche Leserin wird es eine erste Begegnung mit dem Text sein. Sie hören: Die Schlange in der Wüste, der Menschensohn, Gericht, Licht und Finsternis, Wahrheit und Böses. Jeder der Versteile fordert zum Mitdenken auf, ruft nach Erläuterung. Manches ist nachfühlbar, weil universell erfahrbar (z. B. Licht und Finsternis), anderes ist erklärungsbedürftig, weil das Wissen um die Tradition nicht (mehr) vorhanden ist. Wer kann denn die Schlange in der Wüste noch einordnen?

In ein Gesamtgefühl sind die Verse für mich erst eingebettet, wenn ich sie in den Kontext der Gesprächssituation setze. Das Nachtgespräch mit Nikodemus ist in den ausgewählten Worten nicht präsent, doch aber der erzählerische Zusammenhang. Im Dunkeln sprechen zwei miteinander. Haben sie etwas Geheimes miteinander auszumachen? Oder sind sie konzentrierter, wenn nicht Blicke, Geräusche und das Tagesleben sie ablenken? Ist die Nacht der Raum, in dem Gedanken kreisen und nach Klärung verlangen?

Gleichzeitig verkündigt das Kirchenjahr mit – der Sonntag Reminiszere hat seinen Namen von der Antiphon des Psalms (Ps 25,6: »Gedenke, Herr, an deine Barmherzigkeit und an deine Güte, die von Ewigkeit her gewesen sind«). Lange Zeit war »Reminiscere« – »Gedenke« das erste Wort des Gottesdienstes. Dieses »Gedenke« ist an Gott gerichtet; wie zurückgeworfen höre ich aber auch den Imperativ und fühle mich ermutigt, immer wieder den Erfahrungen Platz zu machen, erlebte Gnade zu würdigen und daraus Kraft zu gewinnen.

60

Exegetische Skizze

Grundlegendes ist im Evangelium bereits eingeführt; Jesu öffentliches Wirken wurde kraftvoll erzählt. In Joh 3 unterbricht der Beginn der ausgewählten Perikope mit V. 14 nicht nur den Erzählzusammenhang, sondern auch einen Gedanken. Die Verse sind eingebettet in das Gespräch zwischen Jesus und Nikodemus in Joh 3,1–21. Zunächst wird ein dialogischer Frage-und-Antwort-Zusammenhang erzählt, der sich ab V. 13 verändert. Das »Ich« Jesu wird zur Rede in der 3. Person; der Begriff »Menschensohn« verbindet V. 13 und V. 14 und der persönliche Adressat der Rede gerät aus dem Fokus. Insofern scheint es sinnvoll, wenn schon nicht bei der für diesen Sonntag ausgewählten Lesung, so doch bei der Auslegung des Textes V. 13 und im Grunde den weiteren Erzählzusammenhang mit einzubeziehen.

Nikodemus tritt in den Versen zurück, ob er der Angesprochene der Predigtperikope ist, muss offenbleiben. Ein möglicher Wortbezug von V. 21 zurück auf V. 2. lässt Nikodemus als Angesprochenen stärker im Blick bleiben. Er ist nicht nur ein flacher Charakter, der als Hintergrund für die Ausführungen dient, sondern eine dynamische Figur im Evangelium. Während in Joh 3 der Erkenntnisgewinn des Nikodemus ambivalent bewertet werden kann, wird er in Joh 7 als Verteidiger (7,51) und in Joh 19 als Umsorgender geschildert (19,39). Nikodemus ist einer, der einen (inneren) Weg macht.

Als Pharisäer und Oberster der Juden ist Nikodemus die Rede von Mose und der Schlange in der Wüste (3,14) geläufig. Johannes bezieht sich hier auf Num 21,4–9 und verbindet das Bild von der Schlange in der Wüste durch das Verb »erhöhen« (ὑψόω) mit seiner Vorstellung von der Erhöhung des Menschensohnes. Die Erinnerung an das Wüstenerlebnis verdeutlicht dem Hörer und der Leserin die Bedeutung der Erhöhung Jesu am Kreuz: Es ist bleibender Ort der Rettung. Der Glaube daran rettet vor dem Gericht. Das Bild von der Welt, vom Kosmos, ist mehrschichtig: Die Welt, die Jesus nicht annimmt, wird als negativ bewertet (Joh 1,10; 7,7). Grundsätzlich ist sie aber Teil der geliebten Gottesschöpfung, in die hinein aus Liebe die Rettung gesandt wird (Joh 3,16).

Weg zur Predigt

Die Einbettung der Verse in die Gesprächssituation bietet mit einer Einführung der Person des Nikodemus einen Identifikationshintergrund für die Hörenden an. Nikodemus wird als interessierter Fragender eingeführt; seine Unsicherheit wird an dieser Stelle aber nicht einfach aufgelöst. Die Nachtsituation unterstreicht das Suchende. Dass er in den Versen der Predigtperikope als Gesprächspartner zurücktritt, öffnet den Raum für andere Hörende.

Wenn man Nikodemus als (exemplarischen) jüdischen Hörer dieser Worte denkt, dann verbinden sich für ihn neue Gedanken mit einem Bild aus seiner Tradition. Vorerfahrung hilft, Neues zu erschließen. »Reminiscere – gedenke« wird an dieser Stelle Programm. Die Schlange in der Wüste ist ein starkes Bild, wenn man es als bekannt voraussetzen darf. Um also den Hörenden Zugang zu dem »alten Bild« und seiner Bedeutung zu verschaffen, muss es erzählt bzw. übersetzt werden. Die deutsche Übersetzung lässt einen Zusammenhang zwischen »Gericht« (Joh 3) und »aufrichten« (Num 21) erkennen, den die Originalsprachen nicht hergeben. Lässt sich aber aus der Bewegungs»richtung« etwas gewinnen? Kann die Rede von der Erhöhung auch zur »Aufrichtung« der Hörenden beitragen? Können in der Predigt neuere Bilder gefunden werden? Wichtig ist ein achtsamer Umgang mit den jüdisch und christlich geprägten Bildern. Es muss die Aussage vermieden werden, als könnte der christliche Glaube für Nikodemus seinen jüdischen ersetzen. Ein neues Bild, das Nikodemus gewinnt, kann eher seinen ererbten Bildern eine Perspektive hinzufügen.

In der exegetischen Betrachtung fast nebenbei erwähnt, hat der Satz von der Liebe Gottes (Joh 3,16) in der kirchlichen Tradition ein breites Gewicht. Der emotionale Sinngehalt des Verses spricht Hörende auch emotional an. Der Aorist ἠγάπησεν deutet auf ein abgeschlossenes Geschehen hin; die Predigt soll aber nicht im Bereich des Erinnerten stehen bleiben, sondern offen sein für aktuelles Erleben.

Predigtthema

Erinnere dich: So hat Gott die Welt geliebt. Und so liebt er sie noch heute.

Vorschläge zur Liturgie

Kyrie
Wir kommen zu dir an diesem Tag,
mit unseren Fragen an uns,
an das Leben,
an dich.
Manches Mal sind wir verloren zwischen den Stimmen,
die uns Weg weisen wollen.
Kannst du die Antwort sein?
Hilf uns hören, Gott.
Hilf uns, unser Herz zu öffnen.
Bleib an unserer Seite.
Gedenke, Herr, an deine Barmherzigkeit und an deine Güte,
die von Ewigkeit her gewesen sind. (Ps 25,6)

Gebet zum Eingang
Gedenke, Gott, rufen wir,
denk an uns!
Es tut uns gut, in deinen Gedanken zu sein,
immer wieder bedacht mit den Zeichen deiner Liebe,
die uns unter die Haut gehen,
unser Herz berühren
und unsere Gedanken kitzeln.
Daran wollen wir uns erinnern,
heute und an jedem Tag unseres Lebens.
Amen.

Psalm: Ps 25,1–9; regelmäßig unterbrochen von Ps 25,6 als Kehrvers

Lesungen: Num 21,4–9; Joh 3,14–21

Fürbitten
Gott, wir haben gehört,
dass du diese Welt liebst und die, die in ihr leben.
Danke dafür.

Hilf uns immer wieder,
deine Zeichen zu sehen,

öffne uns für die Liebe in unserem Leben,
damit wir das Schwere bestehen können.

Hilf uns auch, über unser Leben hinauszusehen,
damit wir die nicht vergessen,
die sich an die Liebe nicht erinnern können.

Gott, wir erinnern uns und dich
an die, die in Kriegsgebieten leben,
beschossen, ohne Essen, voller Angst,
und an die, die auf der Flucht sind,
angefeindet, ohne Bett, voller Sorge.
Hilf uns, sie in unser Herz zu lassen.
Schicke ihnen Zeichen deiner Liebe.
Gedenke, Herr, an deine Barmherzigkeit und deine Güte,
die von Ewigkeit her gewesen sind.
Lass sie nicht aufhören.

Lieder: EG 16 Die Nacht ist vorgedrungen; EG 96 Du schöner Lebensbaum des Paradieses; EG 409 Gott liebt diese Welt; EG+ 16 Manches Holz ist schon vermodert; NL 68 Lobe den Herrn, meine Seele

Vorschlag zur Predigt

Möglicher Anfang

Nachts sieht man die Dinge in einem anderen Licht. Kein Wunder, dass so mancher wach liegt und keinen Schlaf findet: Manche alten und neuen Sorgen bahnen sich den Weg. Die Nacht franst Gewisses aus, getroffene Entscheidungen werden brüchig und wollen auf einen neuen Weg gebracht werden. Wann sonst sollte das geschehen, wenn der Tag ausgefüllt ist mit Selbstverständlichkeiten.

Es ist Nacht, als einer zu Jesus kommt. Die Tradition nennt ihn Nikodemus, »Sieger des Volkes«, und weiß, dass er zur jüdischen Oberschicht gehört. Wir kennen Jesus in Auseinandersetzungen mit ihnen. Aber dazu scheint Nikodemus nicht gekommen zu sein in der Ruhe der Nacht. Oder in ihrem Schutze? Auf der Suche ist er allemal. Lag er wach und fand nicht in den Schlaf? Sind ihm seine Gewissheiten abhandengekommen? Oder war er einer, der einfach neugierig ist? Weil er ahnte, dass er noch nicht fertig ist mit Gott und der Welt? Lang ist die Geschichte der Spekulation darüber. Vermutlich sind seine Motive diffus wie die Nacht.

Nikodemus jedenfalls spricht Jesus an und sagt, was ihn bewegt: Rabbi, Lehrer! Er fragt nach Jesus und wer er wirklich ist und wie man neu werden kann. Was für Fragen! Die Antworten, die Jesus ihm gibt, kann er in dieser Nacht nicht noch greifen.

Zum weiteren Verlauf

Jesus weiß um die Menschen, die um ihn sind. Und er weiß, dass die neuen Gedanken nicht so leicht in ihren Kopf wollen. Deshalb spricht er in Bildern zu ihnen, die anders zu ihnen sprechen können. Und ins Herz gehen.

Jesus führt Nikodemus in die Tradition seines Volkes zurück. Er erinnert ihn. Plötzlich steht der wieder in der Wüste, im hellen Licht vermutlich, mit dem Sand zwischen den Zehen. Er spürt den langen Weg aus Ägypten in den Knochen, erinnert sich an die Hoffnung, die die Menschen hatten, als sie loszogen, und auch an die Ernüchterung, die eintrat, als der Weg länger war, die Sonne heißer, die Nahrung ärmer als geahnt. Er hört die Menschen murren, immer wieder, dabei sollen sie doch in die Freiheit! Und er erlebt Gottes Antwort, der des Murrens überdrüssig wird. Er sieht die Schlangen, die zur Strafe geschickt werden, über den Boden schlingen und beißen. Er hört die Menschen schreien, den Blick nach unten gerichtet, sieht die Gebissenen fallen und sterben. Und er hört, wie die anderen bereuen. Und dann erlebt er, dass Gott sich an seine Liebe erinnert und weich wird und die Rettung schickt. Er lässt Mose eine eherne Schlange an einem Stab errichten, die, wenn sie zu ihr aufblicken, die Gebissenen vor dem Tod bewahrt.

Das alles kann Nikodemus sehen, wenn Jesus von der aufgerichteten Schlange in der Wüste spricht. Das ist seine Tradition, er kennt sie in- und auswendig. Er hat in ihr leben gelernt. Er hat in ihr Gott kennen gelernt. In diesen Bildern denkt er Gottes Barmherzigkeit.

Vielleicht kommt ihm hinter der alten Geschichte eine Flut von Gedanken: Aus misstrauischem In-sich-verkrümmt-Sein wird nichts Gutes.

Darin verliert man sich selbst und die Verbindung zu Gott. Aber: Gott rettet, lässt sich immer wieder anrühren in seiner langen Geschichte mit den Menschen. Und manchmal sieht diese Rettung wie ein Widerspruch aus: Das, was bedroht, soll uns retten? Muss man der größten Angst erst ins Auge blicken? Die Rettung zwingt die Menschen, den Kopf zu heben, sich selbst aufzurichten. Wer den Kopf hebt und sich aufrichtet, sieht den Weg, der vor ihm oder ihr liegt. Das Todeszeichen kann zum Heilszeichen werden. Das, was die größte Bedrohung ist, wird zum Lebensretter. Das alles und noch mehr könnte einem durch den Kopf gehen, der die Geschichte von Gottes Lebenszeichen in der Wüste kennt und an sie denkt.

Wir wissen heute mehr, als der Nikodemus der Geschichte damals wissen konnte. Er ist eingeschrieben in eine Erzählung vor dem Kreuz. Wir leben nach dem Kreuz. Ein starkes und präsentes Bild dafür, dass Gott sich an seine Liebe erinnert hat und Gutes für uns Menschen will. Erinnert euch! Die Blickrichtung damals und heute ist eine gemeinsame: Auch, wer zum Kreuz blickt, blickt nach oben. Kann nicht mehr in sich selbst verkrümmt sein, weil er sich aufrichten muss.

Nikodemus ist Teil von Gottes Rettungsgeschichte. Er hat viele Bilder von Gottes Liebe. Ich stelle sie mir in seinem Herzen vor wie in einem Museum:
Der Mensch kann hindurchgehen, von Bild zu Bild blicken, an dem einen hängen bleiben, weil es gerade besonders laut spricht. Der Bogen in den Wolken. Der gute Hirte. Die Männer im Feuerofen. Die Schlange in der Wüste. Ihm und den Menschen seiner Zeit fügt Jesus den Bildern noch andere hinzu: Das Bild vom barmherzigen Vater, der seinen Sohn wieder aufnimmt. Die Freude über einen gefundenen Groschen. Wasser, das zu Wein wird. Einer, der wieder sehen kann. Ein Kreuz. Bilder, zu denen man aufsehen kann. Die orientieren, richten, erinnern. Denke daran: So hat Gott die Welt geliebt.

In dem Museum gibt es auch einen großen Raum mit moderneren Bildern. Bilder, die entstanden sind, als manche dachten, dass die Geschichte Jesu zu Ende erzählt sei. Gottes Liebe ist es nicht. Da sehen wir vielleicht eine Versöhnung bei einer Trauerfeier. Die Uraufführung eines Oratoriums. Die Taufe eines Kindes nach einem lang unerfüllten

Wunsch. Helfende Hände bei der Stadtmission. Die Trauung zweier Menschen, denen ihre Umwelt keine Chance geben wollte. *(Hier können Erfahrungen der Ortsgemeinde eingebracht werden.)* Denke daran: So hat Gott die Welt geliebt.

Und dann gibt es eine Abteilung, in der leere Rahmen hängen, große und ganz kleine. Für all die Bilder, die noch entstehen werden. Die Liebesgeschichte Gottes ist noch nicht zu Ende. Denke daran: So liebt Gott die Welt.

Möglicher Schluss
Nikodemus geht nach Hause in dieser Nacht. Vielleicht konnte er noch nicht schlafen. Ein altes Bild ist in seinem Glaubensmuseum aufgetaucht, der Sand, die Sonne, die aufgerichtete Schlange. Ein Bild von Gottes Liebe. Ein neues wird er vielleicht noch nicht mitgenommen haben in dieser Nacht. Später werden manche sagen: Er hat es nicht verstanden. Aber er hat Platz geschaffen in seiner inneren Bilderwelt, in sich einen offenen Raum entdeckt, vielleicht schon einen Rahmen an der Wand. Irgendwann, in nicht allzu ferner Zukunft, wird er ihn am Kreuz hängen sehen und sich nach Jesu Tod um seinen Leichnam kümmern. Vielleicht wird er dann die Worte dieser Nacht verstehen. Vielleicht werden sie sich zu einem neuen Bild fügen.

Gestaltungsidee
In Orhan Pamuks Roman »Das Museum der Unschuld« geht es um einen Mann, der nach dem Tod seiner Geliebten die Geschichte dieser Liebe in einem Museum bewahren möchte und dem Schriftsteller anbietet, den Katalog zu dieser Ausstellung zu schreiben. Orhan Pamuk eröffnete dazu in Istanbul das »Museum der Unschuld«, in dem die Erinnerungsstücke in Dioramen ausgestellt sind. Könnten die Erinnerungen an Gottes Barmherzigkeit in der Predigt wie in Bilderrahmen erscheinen?

Kontexte und Tipps zum Text
Merke auf dies feine, unaufhörliche Geräusch; es ist die Stille. Horch auf das, was man hört, wenn man nichts mehr vernimmt.
Paul Valéry

1930 schuf Pablo Picasso »Die Kreuzigung«. Das Ölgemälde ist im Musée Picasso in Paris ausgestellt. Unmittelbarer als die Gesamtschau wirkt die Farbauswahl und Einzelheiten des Werkes. Das Bild lädt ein, die eigene Gedankenwelt neu zu befragen.

Ute Niethammer

Erste Begegnung mit dem Text

»Ich kann nicht mehr!« – In diesem Ausruf (Vers 9) kulminiert Jeremias bittere Rede – und ich verstehe ihn sofort. Die hier geschilderte Verknüpfung von Inanspruchnahme und Aufgeriebenwerden würde man heute wohl als ›toxisch‹ klassifizieren. Gleichzeitig kann ich durch die eindringliche Schilderung Jeremias beinahe körperlich seinen Schmerz, seine Bitterkeit spüren. Ich lese den Text nicht als Abrechnung oder Anklage. Beides würde eine gewisse Distanz fordern. Hier aber redet sich ein Mensch schutzlos das Innerste nach außen. Ich bin betroffen, berührt, betäubt.

Zumindest bis Vers 10. Mit Beginn von Vers 11 bin ich irritiert. Denn dieser Mensch bleibt nicht im Schmerz, sondern rettet sich in – ja, in was eigentlich? In eine Projektion? In eine Wunschvorstellung oder Rachephantasie? Spätestens jetzt drängt sich mir der Gedanke an eine Co-Abhängigkeit Jeremias auf. Das kenne ich aus meinem Umfeld: Paare, bei denen die eine Person die eigenen Bedürfnisse und Gefühle über die der anderen Person stellt und sie dominiert, ausnutzt, missbraucht. Und die auf diese Weise behandelte Person beendet die ungesunde Beziehung nicht, sondern entschuldigt das Verhalten der anderen oder redet sich die Konsequenzen schön.

Redet sich Jeremia hier Gottes verzehrende Inanspruchnahme schön? Müsste ich Jeremia retten? Oder zumindest diejenigen, die sich heute für Gottes Gerichtsbotschaften verzehren und lächerlich machen? Es gibt sie ja immer noch ...

Aber wie verhält sich dieser Impuls zu meinem ersten Gefühl des unbedingten Mitfühlens, ja Mitleidens mit Jeremia? Ich bin von der Tiefe der geschilderten Beziehung zwischen Jeremia und Gott angezogen und abgestoßen zugleich. Weil ich die Verbindung zu Gott noch nie so intensiv gespürt habe. Und weil ich ihr – anders als Jeremia – wohl nicht gewachsen wäre.

Exegetische Skizze

Der Predigttext ist Teil der letzten von insgesamt fünf sog. Konfessionen Jeremias. Eingebettet sind diese Textstücke in eine Gesamtdarstellung des Auftretens Jeremias in der Zeit vor der Eroberung Judas durch die Babylonier. Jeremia hat den Auftrag, dem Volk bzw. den Autoritäten des Volkes stets aufs Neue Gericht zu predigen und alles Unrecht zu verurteilen. Der Prophet erlebt dabei physische Gewalt, Ausgrenzung und Demütigung. Die Konfessionen Jeremias geben in den Kapiteln 11 bis 20 immer wieder Auskunft über seinen psychischen Zustand, stets in der 1. Pers. Sg. als klageähnliche Reden an Gott.

In der Auslegungsgeschichte schlug das Pendel zunächst mehr in die Richtung der Einordnung dieser Texte als Zeugnisse des historischen Jeremias. In jüngerer Zeit fand sich dann eine Mehrheit für die These, dass die Konfessionen als literarische Texte der nachexilischen Zeit zu deuten sind. Und dass hiermit eine Identifikationsfigur geschaffen wurde, die zum leidenden Gerechten, zum Gottesknecht führt. Für beide Auffassungen gibt es gute Argumente. Und beide Richtungen bieten für die Predigt Chancen, wenn auch sehr unterschiedliche.

Unabhängig davon ist für die Predigt dem längeren Perikopentext (Jer 20,7–13) der Vorzug zu geben: Die überraschende Wende, die mit Vers 11 beginnt, wird erst mit der Rachevorstellung und dem Lobpreis vollständig. Von hier aus wird auch die Verwandtschaft zu den Klagepsalmen sichtbar.

Interessant ist das in der Perikope verwendete Vokabular. Bereits die Verben in Vers 7 eröffnen einen Assoziationsreigen, der von der Erotik bis zum Kriegsverbrechen reicht. Insgesamt überwiegen Wörter, die ein Oben und Unten suggerieren, einen Sieger und einen Besiegten. Erst der letzte Vers hebt sich davon stark ab, indem hier die Rettung Bedürftiger als zusätzliche Handlungsoption Gottes eingeführt wird.

Die Wucht der poetischen Verse, ihre differenzierte Verwendung von Perfekt und Imperfekt und die balancierende Syntax geben diesem Text selbst noch in der Übersetzung eine Kraft, die uns bis heute mühelos erreicht. Sei es als befremdende Perspektive eines wahrhaft von Gott ergriffenen Menschen, sei es – folgt man der Auslegungstradition der Identifikationsfigur – als ein immer wieder neu hörbarer Schrei Israels.

Weg zur Predigt

Meinem ersten, stark körperlichen, Eindruck des Predigttextes folgend entscheide ich mich für die ältere Deutungspraxis des Predigttextes als Zeugnis eines von Gottes Wort und Auftrag getroffenen Menschen. Dabei interessiert mich weniger die historische Dimension der Figur als vielmehr diese sehr spezielle Gottesbeziehung und das verwendete ambivalente Vokabular. So ergibt sich auch ein klarer Bezug zum Thema des Sonntags Okuli, das sich aus Ps 25 ableitet: »Meine Augen sind stets auf Gott gerichtet, er wird meine Füße aus dem Netze ziehen.« Solche Hoffnung birgt ja auch der Predigttext, doch geht dem eben eine Klage voraus, die keine Verwundung auslässt. Statt Harmonie und Einssein mit Gott wird hier drastisch erfahrbar, was es bedeutet, Gott mit Haut und Haar ausgeliefert zu sein. Jeremia leidet ja in alle Richtungen.

Er leidet an Gott: Gott hat ihn berufen, Gott hat sich mit ihm verbunden – Jeremias kann sich nicht lösen.

Er leidet an seinem Auftrag: Immer muss er Unheil verkünden, sich in Gefahr begeben, Verfolgung und Strafen erdulden.

Er leidet auch an den unbeteiligten Menschen: Sie verlachen ihn und warten nur auf sein Scheitern.

Kürzer: Jeremia leidet an dem Verhältnis der Menschen zu Gott selbst. Denn deswegen wird er geschickt: weil Gott das Verhalten der Menschen nicht aushält, ihr Leben ohne Gott (oder mit anderen Göttern) Gott verletzt, erzürnt, erbittert. Jeremia ist sozusagen der menschliche Spiegel für Gottes Schmerz. Die Worte Jeremias sind die Worte einer enttäuschten, zurückgewiesenen Liebe. Es sind die Worte Gottes angesichts eines einseitig aufgekündigten Liebesbunds.

Um nicht der Gefahr eines unreflektierten Antijudaismus zu erliegen, ist es unerlässlich, den Bund Gottes nicht auf Israel zu beschränken. Ebenso verbietet es sich, in der Predigt Jesus als denjenigen über Jeremias zu stellen, der erfüllt habe, was dort schon angelegt war. Gleichzeitig gibt es eine Verbindung von Jeremia zu Jesus – die Präsenz Gottes im Schmerz, im Tiefpunkt menschlicher Existenz.

Wenn Jesus am Kreuz Psalm 22 zitiert und damit seinen Tiefpunkt markiert, entspricht dies der Klage des Jeremia. Beide Male bildet das Aussprechen so etwas wie einen Wendepunkt. Von nun an ist Rettung denkbar. Bei Jeremia als klassische Hoffnung auf Rettung des Einzelnen, bei Jesus als Rettung für alle, die sich auf diesen Tiefpunkt einlassen. Weil darin Gott selbst die letzte Konsequenz des Schmerzes trägt. Und verwindet. Beide stehen also für Möglichkeiten gelebten Glaubens heute.

Predigtthema

Im Leiden Jeremias wird das Leiden Gottes an dem Verhalten der Menschen sichtbar. Doch weil Gott nicht ohne den Menschen sein kann, bleiben wir als Menschen mit der Liebe Gottes verbunden. Durch das Leid hindurch.

Vorschläge zur Liturgie

Psalm: Der für diesen Sonntag vorgesehene Ausschnitt aus Psalm 34 passt sehr gut. Alternativ könnte auch der Philipperhymnus gewählt werden.

Kyrie: Als Kyrie empfehle ich das Lied: Aus der Tiefe rufe ich zu dir, in: Kommt und singt 417

Lesung: Das Sonntagsevangelium (Lk 9,57–62) ist recht weit weg vom Thema bei Jeremia. Evtl. bietet Lk 22,47–53 (der Predigttext des Sonntags in Reihe V) mehr inhaltliche Kontinuität und könnte dann auch in der Predigt mitbedacht werden.

Fürbitte: Bei den Fürbitten schlage ich vor, die einzelnen Abschnitte von der Gemeinde mit einem Kyrie oder Taizé-Lied aufnehmen zu lassen.

Lied: Mein Predigtliedfavorit für diesen Tag: Gott, du siehst mich, in: freiTöne 33

Vorschlag zur Predigt

Möglicher Anfang

Kurze Einleitung zur Verknüpfung des Sonntags Okuli und dem Erleben Jeremias, der nicht nur seine Augen, sondern seine ganze Existenz auf Gott ausrichtet und dabei vielfach Situationen erlebt, die ihn seine Angst und Verzweiflung herausschreien lässt.
Predigttext evtl. in der Übersetzung der BigS.

Diese drastischen Worte lassen keinen Zweifel: Der Sprecher ist im Ausnahmezustand. Schiere Aggression schlägt uns aus diesen Zeilen entgegen. Wut, Enttäuschung und Verbitterung. Jeremia fühlt sich von Gott benutzt, beschmutzt, betrogen.

Und das ist nicht das erste Mal. An insgesamt sechs Stellen im Buch Jeremia finden sich solche wortgewordenen Wut- und Schmerzanfälle. Die vielen Redaktoren vergangener Zeiten, die die alten Texte immer wieder überarbeitet und dabei auch verändert haben, hatten offensichtlich kein Problem mit diesen prädigitalen Shitstorms Jeremias. Die bitteren Worte sind also zumutbar. Den Hörenden/Lesenden und Gott selbst! Uns wird zugemutet, einen Menschen mit Gott ringen zu sehen, dessen Existenz aufs Engste mit Gott verbunden ist.
»Du hast mich verführt und ich ließ mich verführen. Du hast mich gepackt und überwältigt.« – Die hebräischen Wörter sind hier fast zu harmlos übersetzt. Sie tauchen sonst im Zusammenhang mit Vergewaltigungen und Kriegshandlungen auf. Jeremia ist von einer Kraft übermenschlichen Ausmaßes vereinnahmt worden.
Schon seine Berufung wird als ein übergriffiges Geschehen erzählt. Ohne jede Vorbereitung erreicht Jeremia der Auftrag Gottes: »Siehe, ich setze dich heute über Völker und Königreiche; du sollst ausreißen und verderben, bauen und pflanzen.« Jeremia findet sich zu jung für diese Sendung und vermutlich nicht nur das. Wer will schon losgehen, um Zerstörung zu predigen?! Aber Gegenwehr ist sinnlos; das Wort ›alternativlos‹ hat hier endlich einmal seine Berechtigung. Jeremia wird zum Sprachrohr Gottes.
Von Anfang an eine völlig asymmetrische Beziehung. Kein Paartherapeut würde bei einer solchen Beziehung eine glückliche Zukunft für möglich halten. Und unser Textausschnitt zeigt, wie sich die Asymmetrie

auswirkt. Jeremia gibt Gott die Schuld an seinem verkorksten Leben, an seiner sozialen Isolation, seiner Angst und seiner Gefährdung. Die hässlichen Wahrheiten, die er aussprechen muss, führen dazu. Zum Beispiel die Wahrheit, dass Gott nicht mehr bereit ist auszugleichen, was die Menschen mit ihrer Gewinnsucht und ihrem Eigennutz an sozialen Schieflagen angerichtet haben. Und dass Gott bereit ist, die Menschen preiszugeben, die nicht mehr mit Gott rechnen.

Solche Wahrheiten hört niemand gerne. Und Jeremia erlebt die Reaktionen: Schikanen, Anfeindungen, Festnahmen, Folter. Von allen Seiten: der Tempelhierarchie, dem König und hohen Beamten und sogar von der eigenen Familie. Seelisch und körperlich misshandelt schreit Jeremia seinen Schmerz, seine Angst und Bitterkeit heraus.

Und genau darin wird Jeremia zum Spiegelbild. Die Einsamkeit und Feindseligkeit, die er erlebt, spiegelt wider, wie einsam Gott geworden ist. Jeremias Botschaft wird so doppelt aussagekräftig: Da spricht einer Gottes Wort aus: wie sehr Gott verletzt ist durch das Tun und Lassen der Menschen, denen Gott seine Liebe versprochen hat. Und: Da lebt einer Gottes Verzweiflung! Am Leben Jeremias wird offenbar, dass seine Klage über Gott Gottes Klage über die Menschen ist. Hinter Jeremias Klage, dass Gottes Wort ihm zum Spott geworden ist, höre ich heraus: Gott selbst wurde die eigene Liebe zum Spott. Und wenn Jeremia herausschreit, wie er versucht hat, gegen seine Berufung zu leben, ja, nicht mehr an Gott zu denken, dann höre ich darin, wie Gott selbst versucht, gegen die eigene Liebe zu leben, sie zu verleugnen.
Und so wie es Jeremia nicht gelingt, ohne Gott zu leben, so kann Gott nicht von der Liebe lassen. So zeigt sich im Schicksal des misshandelten und verzweifelten Propheten Gottes eigene Verzweiflung und der Schmerz über die verschmähte Liebe auf der Seite der Menschen.

Zum weiteren Verlauf
Vielleicht finden Sie das zu steil. Zu intim. Ich kann auch einen Gang zurückschalten. Es bleibt trotzdem dabei: Jeremia leidet an den Folgen, die seine Reden auslösen. Er wird verfolgt, weil er ausspricht, dass ein Leben gegen die Liebe Gottes Elend bringt. Und er badet diese Misere folgerichtig gleich doppelt aus: als Werkzeug Gottes, der alles diesem

Auftrag unterstellen muss. Und als Prügelknecht der Menschen, die seine Botschaft aufbringt, gegen ihn.

Hier ist der Punkt, um den Text in das Heute zu holen. Ein Satz über den Untergang des Südreichs, das Exil und die Versöhnung Gottes mit Israel in späterer Zeit mag genügen, um den Sprung zu wagen. Und die Liebesgeschichte Gottes als gültige Wirklichkeit zu erzählen.

Hier können die ernüchternden Krisen-Analysen unserer Zeit, die Reportagen aus Kriegsgebieten und Berichte über Korruption und Ausbeutung mit der Prophetie der Bibel verglichen werden. Schnell wird deutlich, dass wir alle in der Krisenspirale mit drinhängen und allein durch unser Dasein zum Elend insgesamt beitragen. Der Predigttext macht deutlich, dass Gott auch mit drinhängt!

Weil Gott sich kompromisslos den Menschen verschrieben hat, leidet Gott an allem menschenverursachten Elend der Welt.

Möglicher Schluss

Jeremias Worte bringen zum Ausdruck, wie tief und unauflöslich unser Leben mit Gottes Liebe zusammenhängt. Jeremias Hoffnungsäußerung, dass Gott dennoch mit ihm sein werde, kommt nach seiner Klage sehr überraschend. War es eine Durchhalteparole oder Überzeugung? Tatsächlich wissen wir nichts über das Ende Jeremias.

Dafür kennen wir das Ende eines anderen Stellvertreters. Wie Jeremia hat er sich seinem Auftrag und am Ende dem Schmerz gestellt. Seiner Verzweiflung hat er Psalmworte gegeben: »Mein Gott, mein Gott, warum hast du mich verlassen?«

In ihm, so glauben wir, hat sich Gott selbst der absoluten Beziehungslosigkeit, dem Tod ausgeliefert. Und seither ist genau das unsere Hoffnung: dass Gottes Liebe in ihrer Wehrlosigkeit stärker ist als alle Gewalt der Mächtigen dieser Erde.

Einmal hat diese Liebe den Tod bezwungen, ein für allemal. Seither können wir wie Jeremia sagen: Gott steht mir bei wie ein starker kraftvoller Mann oder eine mutige ausdauernde Frau. Deshalb werden die Zweifel, die mich verfolgen, deshalb werden mein Leiden und meine Angst nichts erreichen.

Seither können wir wie Paulus sagen: »Nichts kann uns scheiden von der Liebe Gottes, die in Christus Jesus ist, unserm Herrn.«
Amen.

Gestaltungsidee

Der Predigttext kommt in seiner Emotionalität besser zur Wirkung, wenn er von einer anderen Person gesprochen wird; vorzugsweise von jemandem mit Schauspielerfahrung.

Kontexte und Tipps zum Text

Musik:

Leonard Bernsteins Symphony Nr. 1 (=Jeremiah) von 1942 setzt die Emotionen Jeremias ausdruckstark und nachfühlbar in Klang.

Literatur:

Hannes Bezzel, Die Konfessionen Jeremias. Eine redaktionsgeschichtliche Studie, Berlin 2007

Werner Schmidt, Das Buch Jeremia. Kapitel 1–25, ATD 20, Göttingen 2008

Andreas Riebl

Erste Begegnung mit dem Text

Was macht uns wirklich satt? Was sättigt mich, erfüllt mich? Jesus wird hier selbst als der bzw. das beschrieben, welches unser Leben reich macht, der unseren Lebenshunger stillt und zudem noch die Aussicht auf ein »Leben in Ewigkeit« verheißt.

Mir sind diese Aussagen sowohl vertraut als auch etwas befremdlich. Vertraut, weil der Satz »Ich bin das Brot des Lebens« mir als Gottesdienstbesucher und Theologe seit vielen Jahren so oft begegnet ist. In so vielen erlebten Eucharistie-Feiern hat er sich mir geradezu eingefleischt. Wir empfangen Christus als das Brot des Lebens, wir feiern in der Gemeinschaft des Leibes Christi (1 Kor 10,16 f.), wir werden selbst zum Brot für andere. Manches Erleben konnte mir Trost schenken und entließ mich gestärkt in den Alltag. Wie können wir davon erzählen? Wie das für andere erlebbar machen?

Immer noch befremdlich ist mir der Satz: »Wer von diesem Brot isst, der wird leben in Ewigkeit.« Das könnte heute magisch verstanden werden. Der Zusammenhang mit dem Glauben (V. 47) darf hier nicht vergessen werden.

Wie bringen wir das »Brot des Lebens« an die Menschen? Der normale Gottesdienst zieht häufig nicht mehr. Einem hohen Anteil unserer Gesellschaft ist die Kirche fremd geworden. Wer nicht mehr kommt, merkt dann auch gar nicht, wie sehr sich unsere Gottesdienstformen vielerorts schon verändert haben. Ich erlebe in vielen Gemeinden Aufbruchsstimmung und viele neue Ideen. Doch so viele Menschen suchen woanders nach Erfüllung.

Was sättigt uns? Was lässt uns erfüllt sein? Die Frage haben wir wohl mit den allermeisten gemeinsam. Menschen erwarten ihre Erfüllung im Beruf, in Partnerschaft und Elternschaft und nicht zuletzt im Konsumverhalten. Angesichts der unendlich vielen Angebote für Konsum und Unterhaltung vor allem im Internet (alles ist nur »einen Mausklick entfernt«) frage ich auch: Was brauche ich wirklich?

Dieser Abschnitt des Joh bietet einen Gegenentwurf zu dem, was Menschen heute erleben. Brot statt Spiele, könnte man sagen. Auf dieser Spur möchte ich hier weitergehen.

Exegetische Skizze

»Ihr sucht mich nicht, weil ihr Zeichen gesehen habt, sondern weil ihr von dem Brot gegessen habt und satt geworden seid«, spricht Jesus einige Verse zuvor. Unsere Perikope kann als eine Zusammenfassung der Berichte und Erläuterungen rund um die »Speisung der 5.000« gesehen werden und ist Antwort auf das »Murren« der Zuhörer Jesu (V. 41). »Ich bin das Brot des Lebens« (V. 48) ist das erste der sieben »Ich-bin-Worte« im Joh (vor Licht, Tür, Hirte, Auferstehung und das Leben, Weg, Wahrheit, Leben, Weinstock). Die Ich-bin-Worte »haben eine metaphorische Dimension, niemand kann nach dem alltäglichen Sprachgebrauch von sich behaupten, er sei ›das Brot‹ oder ›das Licht‹. Zugleich zeigt der bestimmte Artikel an, dass Jesus nicht nur ›das Brot‹, ›das Licht‹ usw. bringt, sondern es ist.« (Schnelle, 171).

In der »Lebensbrotrede« (6,30–35.41–51ab) werden die Sätze »Ich bin das Brot des Lebens« und »Ich bin das Brot, dass vom Himmel gekommen ist« mehrmals aufgeführt. Jesus setzt sie dem Verlangen seiner Gesprächspartner entgegen, die eine Art Wiederholung des Manna-Wunders als Ausweis seiner Messianität verlangen. In diesem Abschnitt werden die Geschichte (Ex 16,4 ff.) und ihre Deutung überboten: »Keineswegs erscheint Jesus hier als neuer Mose, denn er ist nicht Wundertäter, sondern Geber und Gabe in einer Person: der wahre Lebensspender.« (Schnelle, 169) Von diesem Gedanken wird zum eucharistischen Abschnitt (ab 51c) übergeleitet. »Wer von diesem Brot ist, der wird leben in Ewigkeit« spricht geradezu von einer »Einverleibung«, der Bezug zur Abendmahlspraxis ist am Ende der Perikope überdeutlich. Dabei ist das »ewige Leben« nicht erst in der Zukunft zu erwarten, sondern ist schon jetzt: »Wer glaubt, der hat das ewige Leben« (V. 47). »Ewiges Leben« wird nicht etwa als Verlängerung unseres irdischen Daseins nach dem Tod verstanden, sondern als die gegenwärtige Weise der

Existenz der Glaubenden, die am »Brot des Lebens, das vom Himmel kommt« teilhaben, indem sie es essen, also in sich aufnehmen. Das Brot stiftet Gemeinschaft mit Jesus und untereinander schon jetzt und über den Tod hinaus.

Weg zur Predigt

Ich möchte zwei Szenen ausmalen, die um das Brot als verbindendes, lebensstiftendes und tröstendes Element kreisen, eine Szene aus der Gegenwart und eine Betrachtung der biblischen Geschichte, die den Rahmen für unsere Perikope bildet. Zwischen den Predigtteilen soll meditative Musik Zeit zum Nachdenken geben.

Predigtthema

Das Brot des Lebens miteinander teilen

Vorschläge zur Liturgie

Gebet zum Eingang

Gott, so kommen wir zu dir, mit allem, was uns bewegt:
mit leidvollen Erfahrungen und mit Momenten des Glücks.
Auf der Suche nach Trost und Hoffnung wenden wir uns an dich:
Schenke uns das, was wir zum Leben brauchen. Lass uns annehmen, was du für uns bereithältst. Begleite uns mit deinem Erbarmen.

Wir spüren unseren Hunger nach einem sinnerfüllten Leben. Uns dürstet nach Glück und Freude im Alltag, nach gelingenden Beziehungen und Ausgeglichenheit. Richte unser Sehnen hin zu dir, Gott, denn du allein kannst unsere Sehnsucht stillen.
Wir rufen: Kyrie eleison ... (EG 178.9)

Gott, du bist in Jesus Christus selbst Mensch geworden und hast das Schicksal der Menschen auf dich genommen. Du weißt, wovon wir reden, wenn wir von Glück und Leid erzählen. Du hast dich hingegeben für uns, wirst uns zur Speise, die uns immer wieder neue Kraft gibt, wirst uns zur Quelle, die unseren Lebensdurst stillt.

Deshalb loben wir dich und singen: Laudate omnes gentes (EG181.6).

Gebet zum Abendmahl

Jesus Christus, lass du uns deine Nähe spüren, wenn wir in deinem Namen Brot und Wein miteinander teilen. Sende du uns und deiner ganzen Welt Gottes Heiligen Geist, dass er uns hilft, einander so anzunehmen, wie du uns angenommen hast – zum Lobe Gottes.

Das Brot verbinde uns untereinander mit deiner Liebe und deinem Leben, der Wein stärke uns untereinander mit deinem Leiden und deinem Sterben. Komm, Herr Jesus, im Brot und Wein und mache uns zu neuen Menschen. Amen.

Aus: Abendmahl, 180

Dankgebet nach dem Abendmahl

Zum Leben befreit durch Brot und Wein gehen wir gestärkt unsere Wege.

Weil Gott bei uns ist, werden wir wohnen, wo kein Mensch mehr den anderen bedrängt.

Weil Christus unter uns ist, werden wir wohnen, wo der Tod Vergangenheit ist.

Weil der heilige Geist in uns ist, wenn wir beieinander wohnen im Geiste Jesu.

Aus: Abendmahl, 124

Fürbitten

Du, Christus, bist das Brot des Lebens. Du willst unseren Hunger nach Leben stillen. Du bist die Antwort auf unsere Sehnsucht nach Geborgenheit und unsere Suche nach einem Ziel.

Es gibt Augenblicke, da spüren wir dich, da wirkst du in uns, da werden wir wirklich satt. Wir sind im Einklang mit dir, mit uns selbst und mit unseren Nächsten. Doch können wir diese Momente nicht festhalten. Immer wieder werden wir konfrontiert mit der Brüchigkeit unserer Welt und mit der Erfahrung eigener Unvollkommenheit.

Wir bitten dich: Richte uns immer wieder neu aus auf dich, dass wir nicht den Mut verlieren. Zeige uns, wo wir in unserer Welt eine Aufgabe haben. Lass uns mutiger mit anderen teilen. Denn das Brot des Lebens kann man nicht für sich behalten.

Lass uns mutiger eintreten für Gerechtigkeit in unserer Welt. Lass uns bescheidener werden im Umgang mit den Schätzen unserer Erde, damit unsere Umwelt noch eine Chance hat. Lass uns aufmerksamer sein im Umgang mit Menschen, die Hilfe brauchen, damit auch andere deine Liebe spüren und Trost finden.

Lieder: EG 98 Korn, das in die Erde; aus »freiTöne«: 4 Eingeladen zum Fest des Glaubens; 153 Du bist heilig; 154 Ich bin das Brot, lade euch ein; 170 Wenn das Brot, das wir teilen; 172 Wo Menschen sich vergessen; aus: My Life Is In Your Hands: 80 Einer ist unser Leben; 88 Seid eingeladen; 89 Nimm, o Herr, die Gaben

Vorschlag zur Predigt

Möglicher Anfang

Noch einmal knetete er den Brotteig mit seinen großen Händen durch. Diesmal würde es ihm gelingen. Diesmal würde dieses Brot genauso schmecken, wie er es in Erinnerung hatte. Woche für Woche hatte sie es so gebacken, während der gesamten Zeit, in der sie für ihre Familie da gewesen war. Ihr Brot war etwas Besonderes. Die einzelnen Zutaten machten es unverwechselbar. Und Woche für Woche durchzog dieser herrliche Duft von frisch gebackenem Brot das Haus. Es war ihr ein besonderes Anliegen gewesen. Andere kauften irgendein Brot beim Bäcker oder im Supermarkt. Ihr Mann, ihre Kinder und sie selbst: Für sie alle war das selbst gebackene Brot zur Regel geworden. Nichts verbindet er nun heute so sehr mit ihr, wie den Geschmack und den Geruch dieses besonderen Brotes.

Seit ihrem Tod vor drei Monaten hat es das nicht mehr gegeben. Zunächst war er zu gar nichts in der Lage gewesen, doch dann hatte er sich einen Ruck gegeben und ein paar Versuche gemacht, es genauso hinzubekommen, wie es nun einmal schmecken musste. Zwei, drei Versuche lagen schon hinter ihm, und er war schon ziemlich nah drangekommen. Schließlich fehlte nur noch ein bisschen mehr Butter – und eine Prise Kardamom. Und ein paar Tränen, die waren auch in den Teig gelangt. Dann musste der Teig noch ruhen. Er vermisste sie so sehr. Doch nun schiebt er den Teig in seiner Backform in den vorgeheizten Herd. 200 Grad, 50 Minuten.

Unser tägliches Brot gib uns heute. Diese Zeile aus dem Vaterunser erscheint ihm gerade viel bedeutsamer als je. Ja, Brot ist ein Grundnahrungsmittel. Jedenfalls hier in Deutschland, in Europa. So wie in Asien das Schälchen Reis. Aber das tägliche Brot ist mehr. Das war die Liebe und Zuwendung, die sie füreinander empfanden. Die kleinen Aufmerksamkeiten im Alltag, die ihr Leben reich gemacht haben. Die gemeinsame Sorge für die Kinder, als diese noch klein waren. Ja, und auch die Auseinandersetzungen. Das gehört auch dazu. Doch dann, vor allem, das sich wieder miteinander versöhnen, um dann wieder zusammen am Tisch zu sitzen, auf dem dieses Brot duftete.
Heute Abend werden die Kinder und Enkel zum Essen kommen. Dann wird er das selbst gebackene Brot reichen. Und sie werden ihrer gedenken. Vielleicht ist ja doch etwas daran: Vielleicht ist sie ja irgendwo da oben, in einer Art himmlischen Sphäre, irgendwie bei Gott. Und vielleicht kann sie es doch spüren, wenn wir an sie denken. Wer weiß das schon? Wir jedenfalls werden das Brot schmecken, und dabei wird sie uns nahe sein. In gewisser Weise ist das Brot auch eines, das vom Himmel kommt, denkt er plötzlich, und nun muss er doch lächeln.
– *Musik* –

Zum weiteren Verlauf
Die Leute waren verblüfft. Wie hatte das denn nun passieren können? Es gab genug zu essen, obwohl der Mangel zuvor mit Händen zu greifen gewesen war! »Wir sind am Ende alle satt geworden!«, dachten sie erstaunt. Und nicht nur das. Sie hatten sich im weichen warmen Gras am See Genezareth in kleinen Gruppen gelagert, Männer, Frauen, Kinder, hatten Wasser, Brot und Fische geteilt und vergnügt gespeist. Mit vollem Mund hatten sie sich darüber unterhalten, was Jesus zuvor gesagt und getan hatte: »Das Reich Gottes ist nahe herbeigekommen! Merkt ihr es denn nicht?« Doch, ja, als sie hier zusammensaßen und das Wenige an Essen untereinander teilten, da war es zu spüren – wie ein warmer Lufthauch, der den nahen Frühling ankündigt. Gottes Reich. Fülle des Lebens. Satt werden. Gemeinschaft haben. Eine tiefe

Zufriedenheit spüren, ja, ein Glücksgefühl. Nicht nur im Bauch, sondern an Leib und Seele. Ein Gefühl der Erfüllung. Das ist es!

Das ist es gewesen. Denn so wie der Hunger nach ein paar Stunden zurückkehrt, so ist es auch mit der Sehnsucht nach Erfüllung, nach Lebendigkeit, Glück und Sinn. Das kann man nicht festhalten, nicht besitzen. Allenfalls erinnern. Und als Quelle der Verheißung wachhalten.

Am nächsten Tag, so erzählt es das Johannesevangelium weiter, machten sich die Leute auf die Suche nach Jesus. Wo ist er abgeblieben? Sie stiegen in ihre Boote, fuhren raus auf den See und suchten die Ufer ab. An diese sehnsuchtsvollen, suchenden Menschen richtet Jesus das Wort, das die Mitte dieses Kapitels ist: »Ich bin das Brot des Lebens.« Ein Wort also, wie eine Speise für Hungrige und Durstige nach Leben in seiner Fülle, ein Wort für sich Sehnende und Suchende. Auch ein Wort für uns?

Ich denke – so wie die Menschen am See Genezareth haben auch wir den Geschmack des Reich Gottes in unserem Leben schon mal gekostet – wären wir sonst hier?

Und genau wie die Menschen damals machen wir die Erfahrung: Diese Momente von Erfüllung oder Gottesnähe – ich darf sie erhoffen und ersehnen und tatsächlich gelegentlich erleben, doch festhalten kann ich sie nicht. Der Weg geht weiter.

– *Musik* –

Möglicher Schluss

Heute ist der Sonntag in der Mitte der Passionszeit, eine Oase auf dem Weg, eine Insel auf der Fahrt durch das Leben. Leben, das eben auch leidvolle Erfahrungen kennt. Es sind die Anstrengungen, die Zweifel und Selbstzweifel, die Unglücke, die leidvollen Erfahrungen eben, die unsere Sehnsucht nähren. Und es sind die Erinnerungen an gelungenes Leben, an erfüllte Augenblicke, an Gottes Verheißung und unsere Hoffnung, die uns nicht aufgeben lassen.

Wenn wir hier gleich das Abendmahl miteinander feiern, lasst es uns als Feier des Lebens mitten in der Passionszeit, als Fest im Leiden verstehen. Christus wird für uns zum Brot des Lebens, in dem wir das gemeinsam teilen, was wir von ihm empfangen haben. Wir brauchen das Brot, die Kraft, die Hoffnung, den Vorgeschmack auf das Ziel, so

lange wie wir unterwegs sind und mit den Widersprüchen und Widerständen des Lebens zu ringen haben. Wenn wir das Brot des Lebens teilen, können wir einander zum Brot des Lebens werden, zur Stärkung und Begleitung auf dem Weg.
Amen.

Gestaltungsidee

Lätare! Der Sonntag ist eine Oase auf dem Weg zwischen Passion und Ostern. Es darf einmal innegehalten werden, Ostern in den Blick genommen, sich gefreut und gefeiert werden. Ich kann mir diesen Tag mit diesem Predigttext nur mit einer ausgeschmückten Abendmahlsfeier vorstellen. Mit reichlich Essen und Trinken und Zeit für Gemeinschaft, ggf. auch im Anschluss an den Gottesdienst mit Getränken und Brot. (Brotback-Aktion am Vortag? Z. B. mit Kitakindern und -eltern, Konfis oder Jugendgruppe ...)

Literatur:
Schnelle, Udo, Das Evangelium nach Johannes, THNT Leipzig ⁵2016
Ziemer, Benjamin, Art. Brot (AT) https://www.bibelwissenschaft.de (zuletzt: 5.1.2024)
Vouga, François, Art. Ewiges Leben im NT. RGG 4, Tübingen 1999
Abendmahl – Fest der Hoffnung. Gütersloh 2000

Judika
Joh 18,28–19,5

Sabine Ost

Erste Begegnung mit dem Text

Ich bin irritiert: Heute ist Judika. Wieso soll ich jetzt schon über Jesu Gefangenname und das, was danach folgte, predigen und die Gemeinde damit irritieren? Schließlich hört sie erst am nächsten Sonntag, wie Jesus unter großem Jubel nach Jerusalem einzieht und wird dann bis Karfreitag sein schreckliches Ende bedenken. Im Evangelium für heute steht er jedoch schon vor Pilatus und wird verurteilt und gefoltert. Im Zickzack durch die Passionsgeschichte? Ist das sinnvoll?

Und noch etwas irritiert mich: Das Evangelium ist sehr, sehr lang. Wer kann heute noch so lange zuhören? Auch für die Vorlesenden ist der Abschnitt wahrhaft herausfordernd. Deshalb würde ich ihn der Gemeinde nur verkürzt vorlesen wollen. Sowohl der Anfang als auch das Ende könnten gerafft berichtet werden und die Predigt sich dann auf Vers 33–38 (ggf. noch 19,5b) beziehen. Aufschlussreich finde ich, dass das Perikopenbuch ausgerechnet zu diesem Predigttext schweigt. Ahnte die Kommission wohl die Schwierigkeiten, in die dieser Abschnitt noch vor Ende der Passionszeit und mancherorts kurz vor den Konfirmationen, Predigende bringen könnte? (Mir fiel leider schon häufiger auf, dass die Perikopenordnung bei der Gemeinde sehr (zu?) viel voraussetzt und für die Predigenden oft überfordernd sein könnte im Trubel ihrer alltäglichen Pflichten.)

Exegetische Skizze

Das Johannes-Evangelium gibt dem Prozess Jesu mehr Raum als die synoptischen Evangelien und schildert ihn in einer bewegten und bewegenden, eindrucksvollen Szene (Wengst z. St. im Kommentar zum Joh.-Ev., EKK Bd. II, 2001, 213–236). »Der Richter Pilatus erscheint

85

als weltmännischer Spötter und vor allem Zyniker der Macht, der sich schließlich als Gefangener der eigenen Macht erweist. Dass dieser hohe Herr ständig zwischen den Anklägern und dem Angeklagten hin- und hergehen muss, gibt ihm ... einen Zug von Lächerlichkeit. Die jüdischen Vertreter der Anklage werden als Menschen dargestellt, die in ihrer Ablehnung Jesu alle Mittel dafür einsetzen, dass es zu einer Verurteilung komme, und sich dafür schließlich zu einem Bekenntnis zum Kaiser als ihrem einzigen König hinreißen lassen. Der angeklagte Jesus schließlich, ein geschundener Mensch, wird in seiner Ohnmacht als König verspottet und tritt doch als der wahre König auf.« (215 f.)

Gerichtsverhandlungen am frühen Morgen seien bei römischen Statthaltern üblich gewesen. Um die kultische Reinheit der Ankläger für das Passahfest zu wahren, habe Pilatus ständig zwischen ihnen und dem Angeklagten pendeln müssen (218). Dieses Bemühen um Reinheit deutete schon Calvin antijüdisch; diese das Achten auf Reinheitsvorschriften antijüdisch akzentuierende Auslegungslinie finde sich bis in die Gegenwart. Wengst stoßen insbesondere die »Pauschalisierung« der vor dem Prätorium stehenden Juden auf, »das Abqualifizieren ihres Achtens auf die Reinheitsvorschriften als ritualistisch« und »das Einschätzen ihrer Pessachfeier als überholt«. Er schlussfolgert: »Hier wirkt die in einer langen Auslegungsgeschichte eingeübte Perspektive der heidenchristlichen Kirche in ihrer Abgrenzung vom Judentum sozusagen hinter dem Rücken der Ausleger«, die »ihre Perspektive für die des Johannes-Evangelium hielten«. »Aber«, fragt Wengst, »warum sollte ein Jude oder eine Jüdin des ersten Jahrhunderts ..., die an Jesus als den Messias glaubten«, die Feier von Pessach und die Erinnerung daran, dass Gott Israel aus der Sklaverei in Ägypten geführt hat, »für überholt« halten? Und »warum sollten jüdische Christusgläubige damals nicht die für diese Feier überlieferten Vorschriften einhalten?« (219)

»Die Wahrheit, für die Jesus einsteht«, erweise sich in V. 37 »als Antithese zu der auf Gewalt gegründeten Macht, die Pilatus repräsentiere, und delegitimiere diese als Lüge« (227). Jesu Herrschaft sei zwar »nicht von dieser Welt«, habe aber »ihren Ort bei denen, die sich auf die von ihm bezeugte Wahrheit einlassen. Ihr Ort in der Welt ist die Gemeinde.« (228)

Pilatus hatte zwar die Macht, Jesus freizulassen (V. 38b). Sein Angebot, statt Jesus einen anderen freizulassen, sei »historisch außerordentlich zweifelhaft« (229). Zudem verhöhne Pilatus damit die Ankläger, denn »sie ihrerseits können unmöglich ›den König der Juden‹ freibitten«, ohne »selbst als illoyal« zu erscheinen. »So ist das Angebot des Pilatus von vornherein darauf angelegt, abgelehnt zu werden.« (230)

Der in V. 40 zum Tausch angebotene Barabbas wird hier als »Räuber« bezeichnet, er könnte aber nach Joh 10,1+8 ebenso ein »Dieb« sein – also das Gegenteil eines »guten Hirten« (231). Das NT jüdisch ergänzt, dass Josephus mit dem Wort »Räuber« anti-römische Revolutionäre beschreibt.

»Jemanden auspeitschen zu lassen, den man gerade noch für unschuldig erklärt hat« (Joh 19,1), hält Wengst »in jedem Fall« für einen Willkürakt. »Wer einen Angeklagten, den er für unschuldig hält, so zurichten lässt, wie Pilatus Jesus, legt einen solch menschenverachtenden Zynismus an den Tag, dass ihm die Erwartung menschlichen Mitgefühls bei anderen fremd sein muss. Er, der von der Wahrheit nichts wissen will, lässt den König, ›nicht von hier‹, der für die Wahrheit Zeugnis ablegt und damit die Herrschaft nach Art dieser Welt hinterfragt, seine Macht spüren, indem er ihn zutiefst erniedrigt.« (232 f.)

Die aktive Schilderung »da kam Jesus heraus« (19,5) ist für Wengst Hinweis auf Jesu Souveränität – sonst wäre er gebracht worden. Sie zeige sich später auch im Gespräch mit Pilatus. (234 f.)

Das Pilatus-Wort »siehe, der Mensch!« könne »späteren Leserinnen und Lesern die Augen öffnen für die lange Reihe derjenigen, die dieser Jesus repräsentiert – innerhalb und außerhalb der Kirche«. Er sei hier ein zutiefst erniedrigter Mensch – den schon der Prolog des Evangeliums in die Dimension Gottes gerückt habe. Diese Dimension klinge bei der Festnahme Jesu und in seinem Gespräch mit Pilatus an. »Beides ist nicht gegeneinander auszuspielen, sondern zusammenzusehen: In diesem geschundenen Menschen Jesus erkennt der Glaube den in die tiefste Niedrigkeit mitgehenden und überwindenden Gott.« (236)

Pontius Pilatus war lt. RGG⁴ der fünfte römische Statthalter der Provinz Judäa seit (19 od.) 26–37 n. Chr. z. Z. des Kaisers Tiberius. Flavius Josephus schildert diese Zeit in Judäa als tumultreiche Zeit, Tacitus meinte dagegen, damals habe in Judäa Ruhe geherrscht. Bei Philo v. Alexandrien erscheint der Statthalter Pilatus als »grausamer und korrupter« Tyrann, bei Josephus war Jesu Schicksal einfach eine Hinrichtung wie viele. Die Evangelien dagegen zeigen Pilatus als schwachen Herrscher, der dem Druck des jüdischen Sanhedrins nicht standhält. »Dein Volk«

in V. 35 deutet das NT jüdisch erklärt als Unterstützung der Anklage gegen Jesus über die jüdische Obrigkeit des Sanhedrins hinaus.

Weg zur Predigt

Der Sonntag Judika hat das Thema »richten«. Wie spricht Pilatus hier Recht? Kann er die Anklage gegen Jesus überhaupt nachvollziehen? Jedem, der sich damals ›König‹ nannte, drohte die Todesstrafe – warum also langen Prozess machen? Welche Rolle spielen die jüdische Obrigkeit und das Volk? Jesu Hinrichtung befeuerte jahrhundertelangen Antisemitismus, der leider gerade wieder Aufwind hat.

Predigtthema

Pauschalurteile wie »die Juden waren schuld an Jesu Tod« greifen zu kurz. Erst genaues Hinsehen ermöglicht Differenzierung, die gerechteres Urteilen ermöglicht.

Vorschläge zur Liturgie

Votum

Wir feiern diesen Gottesdienst
im Namen Gottes, auf dessen gerechtes Urteil über uns wir hoffen.
Im Namen Jesu Christi, der Versöhnung lebte.
Im Namen der Heiligen Geistkraft, die uns zur Gerechtigkeit anleitet.

Confiteor

Wir wollen eigentlich niemanden verurteilen, Gott.
Aber immer wieder ertappen wir uns dabei, genau zu wissen,
was oder wie jemand sein muss.
Gott, erbarme dich!

Wir lehnen Pauschalurteile ab, Gott.
Dennoch urteilen wir oft zu schnell
über »die Juden«, »die Türken«, »die Rechten«, »die Linken«, die ...

Wir meinen zu wissen, wie die sind – und vergessen darüber,
dass auch wir »der/die Deutsche« sind.
Gott, erbarme dich!

Wir bemühen uns, jede*n Einzelne*n zu sehen.
und vergessen diese Sorgfalt schnell im Eifer einer Diskussion,
im täglichen Einerlei unsere Aufgaben und Vorhaben.
Öffne uns Augen, Herz und Ohren, Gott,
damit wir nicht vorschnell urteilen,
sondern uns Zeit lassen,
Hintergründe und Ursachen kennenzulernen.
Gott, erbarme dich!

Gnadenzuspruch

Gott ist gut und gerecht, darum weist er Sündern den Weg. (Ps 25,8)
oder:
Denn bei Gott ist Gnade zu finden und Gott befreit von aller Schuld.
(Ps 130,7)

Lesungen: Ps 25,1–9; Röm 2,1–13

Segen

Gott segne uns, wenn wir urteilen,
unterscheiden zwischen richtig und falsch, Gut und Böse.
Und merken: Gut gibt es nicht, und böse auch nicht.
Richtig ist halb falsch – Falsches nur nicht ganz richtig.

Gott segne uns, dass wir der Frage nicht ausweichen,
was recht ist und was unrecht,
auch nicht mit dem Gedanken, dass die Wahrheit umstritten ist,
die einen so, die anderen anders denken,
jeder und jede eine eigene Wahrheit hat.

Gott stehe uns bei, dass wir nicht unsere Wahrheit
mit Gottes Wahrheit verwechseln.
Nicht seinen Namen auf unsere Wahrheit anwenden,
sondern den Gedanken zulassen, alles könnte auch anders sein,
damit wir beisammenbleiben, miteinander beraten,
Lösungen finden ohne Gewalt,

mit denen die einen leben können und
an denen die anderen nicht zugrunde gehen.
So segne und behüte uns Gott.
Martin Ost

Lieder: Lass uns den Weg der Gerechtigkeit gehen (Kommt, atmet auf =
KA Bayern) 069,1–4; KA 079,1–4 Ich glaube fest, dass alles anders wird

Vorschlag zur Predigt

Möglicher Anfang

»Die Juden sind schuld!« So schallt es durch die Jahrhunderte bis heute.
Damals, vor ca. 2.000 Jahren, waren die Juden schuldig am Tod Jesu, so
die allgemeine christliche Überzeugung. Im Mittelalter gab man ihnen
auch die Schuld für Pestausbrüche – die wahre Ursache, Übertragung
des Erregers durch infizierte Ratten, war noch unbekannt. Im 20. Jahr-
hundert beschuldigte nicht nur das Nazi-Regime das sog.»Weltjuden-
tum«, schuld zu sein an wirtschaftlichem Niedergang und Massenar-
beitslosigkeit. Dabei war all dies Folge der deutschen Niederlage im
Ersten Weltkrieg 1918 und der Inflation 1923 und des Börsencrashs in
den USA 1929 in den 1920iger Jahren.
Immer wieder bezahlten jüdische Menschen solche Pauschalurteile mit
ihrer Vertreibung oder gar ihrem Leben. Judenhass ist tief verankert
und nimmt leider seit Jahren wieder stark zu. Wie so oft bei Pauschal-
urteilen, wird dabei Entscheidendes übersehen: Wenn man den biblischen Evangelien glaubt, dann war Jesu Tod vielleicht nicht direkt Gottes Wille, aber doch zentraler Baustein von Gottes gutem Plan für uns
und diese Welt. Die jüdische Obrigkeit wäre also gegen ihren erklärten
Willen zu Gottes Erfüllungshelferin geworden. Denn sie hatte zwar mit
Hilfe von Pilatus das Todesurteil für Jesus erreicht, Gott aber verwan-
delte den Tod des vermeintlichen Gotteslästerers. So wurde er durch
seine Auferstehung zum Retter und Erlöser aller Menschen. Das ist die
Grundlage unseres christlichen Glaubens.

Zum weiteren Verlauf

Genaues Lesen des Predigttextes ergibt, dass meist nicht alle Juden
gemeint sind, wenn der Text von »den Juden« spricht, sondern nur die

Vertreter der jüdischen Behörden. Leider vollziehen weder die neueste Lutherübersetzung von 2017 noch die ein Jahr ältere katholische Einheitsübersetzung diese Differenzierung nach. Dabei hatte es schon 2006 die Bibel in gerechter Sprache und 2010 die Basisbibel besser gemacht. Sie beide schreiben hier nämlich konsequent statt von »den Juden« etwas umständlich und korrekt von »Vertretern der jüdischen Behörden«.

Auch wir wollen nicht pauschal für die Fehler anderer in Kirche und Gesellschaft beschuldigt werden. (*eigene Beispiele nennen*). Deshalb ist auch bei uns Differenzierung angesagt. Das mag zwar mühsam sein, aber wir dürfen uns nicht aus Bequemlichkeit vor hässlichen Parolen und Handlungen wegducken. Stattdessen gilt es der Vielfalt das Wort zu reden, laute Parolen zu hinterfragen und verdeckten Hass oder diskriminierende Klischees aufzudecken. Mehr denn je ist klare Haltung gefragt!

Der Sache auf den Grund gehen musste auch Pontius Pilatus (*hier die Szene im/vorm Prätorium schildern*). Sein Zögern verwundert. Er war nicht bekannt dafür, sich Urteile schwer zu machen, sondern galt als korrupter, brutaler Willkürherrscher über die auch damals unruhige Provinz Judäa. Nun aber muss er urteilen. Die Szene vom Prozess Jesu vor Pilatus zeigt, wie schwer es oft ist, die Wahrheit herauszufinden.

Dieser Sonntag heißt »Judika«, »richten«. Um zu einem gerechten Urteil zu kommen, müssen viele Fakten offengelegt und geklärt werden. Das ist heute nicht anders als damals. Manche Urteile scheinen der Öffentlichkeit zu mild, manche zu streng. Um gerecht urteilen zu können, ist es immer wichtig, die Zeit und das Umfeld von Täter*in und Opfer und Zeug*innen zu berücksichtigen (*eigene, eventuell aktuelle Beispiele einfügen*).

Möglicher Schluss

Auch wenn die meisten von uns keine Richter*innen sind, urteilen wir alle doch sehr oft – und manchmal leider zu schnell – im Kleinen wie im Größeren. Besonders in unklaren, verworrenen Situationen und Konflikten ist es aber unbedingt wichtig, hinter die Dinge zu schauen. Die Parole »Free Palestine« klingt erstmal einleuchtend, zumal aus dem Mund von Betroffenen – doch ihre Folge wäre die Auslöschung des Staates Israel. Damit würde nach der Judenvernichtung des Holocaust und der Gründung des jüdischen Staates in Palästina 1948 ein Unrecht durch ein neues ersetzt.

Damit sich die Hass- und Gewaltspirale nicht ewig weiterdreht, muss trotz aller Schwierigkeiten und Rückschläge immer weiter um erträgliche Lösungen für alle Bewohner*innen gerungen werden. Wir alle dürfen nicht nachlassen zu fordern und selbst dazu beizutragen, dass alle Bewohner*innen des von uns oft als »Heiliges Land« bezeichneten Gebiets gute Zukunftsperspektiven und Heimat haben.

Ob Jesu Beispiel dabei religionsübergreifend helfen könnte? Er hat uns gerade nicht den einfachen Weg vorgelebt, nicht die einfache Lösung, nicht das Einstimmen in die Volksstimmung. Sondern Jesus ist den schweren und manchmal fast unmöglichen Weg gegangen, der immer wieder überraschende Lösungen ermöglichte. Jesus begegnete allen Menschen liebend und wertschätzend. Er zeigte ihnen neue Zukunft, wo manche schon alle Hoffnung verloren hatten. Damit widerstand Jesus Anschuldigungen und (Vor-)Verurteilungen auch zugunsten von Beschuldigten (z. B. der Ehebrecherin in Joh 8) – und nahm schließlich sogar seinen eigenen Tod in Kauf.

Kontexte und Tipps zum Text

Das Thema »richten« oder »urteilen« ist vielfältig Gegenstand der (Welt-)Literatur und deren Verfilmungen, auch die darstellende Kunst nimmt das Motiv auf. Evtl. könnte ein solches Bild im Gottesdienst gezeigt werden.

Zum Thema urteilen/richten in der Bibel ist einschlägig v. a. 1 Kön 3,16 ff., das »salomonische Urteil«. Bertold Brecht verwendete dieses Sujet in seinem Bühnenstück »Der kaukasische Kreidekreis«. Als Beispiel dienen könnten auch die Versöhnungsprozesse nach Abschaffung der Apartheid in Südafrika oder die Prozesse nach dem Völkermord in Ruanda – oder aktuelle Prozesse oder Urteile.

Palmarum
Jes 50,4–9

Martin Auffarth

Erste Begegnung mit dem Text

Achtung, Rutschgefahr! Alle so genannten Gottesknechtslieder (Jes 42; 49; 50; 52 f.) dienen den ersten christlichen Gemeinden als Interpretationsmuster, wie der Verbrechertod von Jesus einigermaßen griffig ins Verstehen eingepasst werden könnte. Berechtigterweise? Achtung, Rutschgefahr! Das Kreuzeszeichen ist in den Mittelpunkt der christlichen Spiritualität gerückt, soll ich sagen zur Corporate Identity geworden? In den Kirchen, weltlich überall, gar als Mode-Accessoire um den Hals getragen, mit oder ohne Corpus. Achtung, Rutschgefahr! Paulinische Theologie rückt dominant das Kreuz als »das« Heilsgeschehen ins Zentrum. Sodann im Credo, dem heutigen Glaubensbekenntnis, kaum ist Jesus im Heiligen Geist jungfräulich empfangen und geboren, geht's für ihn hinab in die Dunkeltiefen des Lebens. Ja, zugestanden, es gibt bei Paulus wie auch im Credo die Auferstehung. Die Lebensphilosophie christlicher und weltlicher Menschen jedoch ist bis in die Jetzt-Zeiten hinein (infolgedessen?) von diesem Dunkel-Denken geprägt: »Der Vogel, der am frühen Morgen pfeift, den holt am Abend die Katz!« »Freu dich nie zu früh!« Die Stimmung hierzulande und weltweit aber sehnsüchtet danach, dass, wie in dieser Perikope, eine innere Kraftquelle erschlossen werde, die aus dem Bisherigen aufbrechen lässt in eine neuartige Qualität individueller wie globaler Weltgestaltung!

Exegetische Skizze

In sich Worte finden – und das kaum mehr Erwartbare geschieht: Müde sind hell-wach! Der Prophet, als Deutero-Jesaja apostrophiert, entdeckt bei sich wie in den Angesprochenen genau diese Befähigung (V. 4a).

Was für ein Credo, jetzt aus der Erfahrung geboren: Ich bin Instrument der Schöpfung! Gott weckt mir morgendlich die inneren Ohren, ich stimme mein Instrument, die Zunge, ich berühre und intensiviere Menschen (V. 4b–5a).

Nun bin ich wach, aufnahmefähig, jetzt erst kann ich wirklich mit meinen äußeren Ohren hören. Ich horche mich um: Was geschieht denn gerade? Als Prophet, auf welche Lebensumstände treffe ich? Die Situation seiner Zeit ist gespalten: Einerseits sind da die aus Israel Exilierten in Babylon, exegetisch und homiletisch oft im Fokus. Mir scheint aber, als fielen die in Israel Zurückbleibenden dabei aus dem Blickwinkel. Genau diese Zerrissenheit aber muss herausgearbeitet werden (vgl. Teil 1 der Predigt).

Die Müden, die hellwach-Gewordenen, werden fortan die momentane Situation nicht einfach nur geduldig, schon gar nicht willenlos-kraftlos hinnehmen, sie werden Aktiv-Gestaltende sein wollen. Der »Knecht Gottes«, also der von Gott mit besonderen Aufgaben Betraute, geht mit gutem Beispiel voran: Wenn gegen einen oder das ganze Volk Gewalt machtvoll vollzogen wird, was muss in diesen Menschen sein, dass sie dieser Ohnmacht nicht nur standhalten, dass sie pro-aktiv die Wange, den Rücken, das Gesicht hinhalten (V. 5b-6)? »Die andere Wange hinhalten« erinnert natürlich sofort an das jesuanische Wort (Mt 5,38 f.).
Wieder und wieder beruft sich der »Knecht Gottes« auf Jahwe, fast wie jemand, der sich mantraartig erinnerte, an diese andere Mächtigkeit in ihm (V. 8a). Ich erspüre eine Analogie zu Bonhoeffers Gedichtsatz: »Wer ich auch bin, dein bin ich, o Gott« (vgl. Teil 2 der Predigt).
Der Prophet ist sogar trotzig bereit, vor Gericht zu ziehen, die Situation auszudiskutieren, per Rechtsspruch entscheiden zu wollen, vor welchem Gericht aber (V. 8bc)?
Schließlich: Wer ist dieser (hebr.) *ebed jhwh*, dieser Knecht Gottes? Exegetisch wird herumgerätselt: Ein Prophet? Jemand der Zukunft messianisch vorauslebt? Das bessere Israel? Jemand aus dem Volk, Deutero-Jesaja selbst? Ich fasse es so zusammen: Ein »pars pro toto«, exemplarisch am eigenen Leben erfährt er, was alle erleben. Der das Zukünftige schon jetzt lebt, bspw. wenn Gewalt geschieht.

Weg zur Predigt

In Geduld leiden? Mit dieser Perikope ist das sicher nicht begründbar, im Gegenteil! Um das farbig zu beschreiben, wähle ich literarisch einen Briefwechsel zwischen einem jungen Exilierten mit seiner Oma (vgl. Teil 1 der Predigt). Proaktiv Gewalt gottvertrauend überwinden? Dazu wähle ich das Gedicht von Dietrich Bonhoeffer »Wer bin ich?« (vgl. Teil 2 der Predigt). Schließlich braucht es die Einordnung in den Kasus Palmsonntag. Der Weg durch die Dunkeltiefen des Lebens hindurch in Richtung Neu-Schöpfung. Über jede Credo-Aussage hinaus gebe ich das Reich-Gottes-Handeln von Jesus, die Gewaltüberwindung, die andere Wange also, beispielgebend in den Raum (Teil 3 der Predigt).

Predigtthema

Der Gottesknecht, Bonhoeffer, Jesus, diese Perikope, alle sind sie ZuMUTungen! Nicht wissend, was geschieht – außer, dass Gott geschehen möge, in ihnen, durch sie! Nicht aber im »Gehorsam«! Wenn dieses Wort im AT vorkommt, hat es nahezu ausschließlich die Bedeutung von hören, von lauschen. Gott wie eine Muschel ans Ohr halten, die Zwischentöne der Lebensumstände abhorchen. Aus beidem quillt eine neuartige Qualität individueller wie globaler Weltgestaltung.

Vorschläge zur Liturgie

Begrüßung
(mit Schriftbild ZuMUTung)
Jesus erlebt ZuMUTung auf seinem Weg durch die Karwoche. Ihm wird viel zugeMUTet ... zugeMUTet dann aber auch im Sinne von zugetraut. Die Woche wird vollendet im Feiern der Auferweckung!

Lieder: EG 452 Er weckt mich alle Morgen; EG 13 Tochter Zion; EG 395 Vertraut den neuen Wegen

Vorschlag zur Predigt

Möglicher Anfang

Darf ich vorstellen? Hier auf dieser (linken) Seite spricht Jochanan. Übersetzt: »Gott ist barmherzig«. Das möge heißen: Gott identifiziert sich mit Menschen und ihrem Schicksal und ist doch zugleich der Quellgrund von allem, was ist. Jochanan lebt im Exil, von seiner Heimat Israel nach Babylon verschleppt. Rekrutiert für eine Fremdmacht arbeitet er als Ingenieur an einem Tempel. Hier auf dieser (rechten) Seite erleben wir seine Oma Bathseba, übersetzt »Tochter der Fülle«. Hier zwischen den beiden der Prophet Jesaja.

Jochanan schreibt einen Brief:

Hallo Oma Bathseba,

schon überlange haben wir nichts voneinander gehört. Ich habe krasses Heimweh nach euch allen. Hier muss ich Tag für Tag für den Bau eines Protztempels mein Ingenieurswissen zur Verfügung stellen, für den Fremdgott Marduk. Das geht mir so gegen den Geist! Die Einheimischen frotzeln von morgens bis abends: »Wo ist denn nun die Stärke von eurem Jahwe abgeblieben? Jede Ameise hat mehr Power als euer Gott«. Was für eine Schmach! Getroffen im sensibelsten Kern unseres Selbstverständnisses als Juden. Zu essen gibt es ausreichend, man will uns ja im Saft halten, da kann ich nun wirklich nicht klagen. Was mich plagt? Ich könnte jeden Einzelnen hier an der Kehle packen, ihm ins Gesicht schlagen, so gedemütigt fühle ich mich, so kocht es glühend in mir. Anderen Tags bin ich dann müde, einfach ausgebrannt. Ob wir uns je wiedersehen, Oma?

(Bathseba)

Lieber Jochanan,

ich habe wenigstens ein Lebenszeichen von dir bekommen, Gott, wie bin ich froh. Ich erschrecke, ich habe Gott gesagt. Welchen meine ich denn? Unser Jahwe ist obdachlos geworden, seit der Tempel in Jerusalem von dieser Räuberbande, den Babyloniern, zermalmt wurde. Weißt du noch, mehrmals im Jahr waren wir dort, haben die Hochfeste gefeiert, mit Onkeln, Tanten, Neffen und Enkeln, das ganze Dorf war auf den Beinen. Jetzt ist nichts mehr wie früher. Der Acker gleich neben dem Dorfbach, du erinnerst dich, da wächst nichts mehr, außer Disteln und Dornen, und die üppig. Wer auch sollte ihn bestellen? Alle jungen Männer sind weggerafft ins Exil. Die hellsten Köpfe sind weg. Wir Alten schaffen das nicht mehr, das Kindergeschrei nach Essen ist erbärmlich. Bathseba, »Tochter der Fülle« heiße ich, ein zynischer Name, nicht wahr? Ich bin müde, ausgebrannt, genau wie du es beschreibst. Der göttliche Quellgrund ist versiegt, das Sensibelste in mir hat einen Schlag abbekommen. Mein Herz will berührt werden, ja, von wem, von Jahwe natürlich. Grüße Jonathan und all die anderen von mir, gell?

(Prophet mit der Paraphrase der Perikope) Gott, du Quellgrund, du Wortschatz! Du legst mir Worte auf meine Zunge, fremd, wie von woanders her kommen sie und sind doch jetzt meine Worte geworden. Sie sprechen den Erschöpften ein Wort zu, eine ZuMUTung. Sie wachen auf, sie schöpfen wie aus einer anderen Quelle. Es erreicht ihr Herz, es atmet wieder, es atmet auf, es atmet Gott ein. Jeden Morgen weckt Gott mir das Ohr, ich lausche ihm, ich lausche dem, was um uns herum vor sich geht, wie wenn ich vier Ohren hätte, zwei innere für Gott, zwei äußere Ohren für die Weltwirklichkeit.

Lied: EG 452 Er weckt mich alle Morgen

(Bathseba)
Lieber Jochanan,
hast du das gehört? Ich muss dieses Wort dehnen: ZuMUTung. Uns wird zugemutet, in diesen Zeiten nicht ausschließlich auf die hier herrschenden Lebensumstände zu hören, sie aber auch nicht zu übergehen. Was ist, ist! Aber, so hat dein kleiner Bruder gesagt, eben Kinderweisheit: »Hallo Oma, dann haben wir ja vier Ohren, zwei für da drinnen und zwei für da draußen. Ich kringel mich vor Lachen, vier Ohren habe ich«. Und schon ist er nach draußen gesteppt, hat mit unserer Ziege »Meckernicht« um die Wette getanzt. Wie wenn er eine innere Musik hörte. Die innere Müdigkeit ist wie verflogen, ich bin aufgeweckt wach.

(Jochanan) Oh wie schön, Oma Bathseba, was ich von dir höre. Uns hier haben diese Worte des Propheten auch erreicht. Du kannst dir vorstellen, wir haben uns ungläubig umgeschaut. Wenn das die Einheimischen, die mit ihrem Marduk-Gott, hören würden. Komischerweise bin auch ich aufgekratzt. Irgendwie wieder gut aufgestellt.

(Prophet) Ich verschließe mich nicht. Im Gegenteil: Ich höre. Wie Hefe Brotteig aufgehen lässt, so beleben die Worte Jahwes mein Handeln. Wenn sie mich angiften, diese Bewacher, ob wir am Bau alles richtig machen, dann ist es, als ob sie nicht nur mich, sondern alle jüdischen Menschen hier im Exil schlügen. Ich bin stark geworden, wenn sie zuschlagen, zucke ich nicht zurück, ich halte ihnen sogar meinen Rücken hin, die Wange. Manche erschrecken, weil es für sie unerwartet kommt. Ich spüre die ZuMUTung. Ich lass mich nicht mehr einschüchtern. Wenn es einen fairen Prozess gäbe, ich würde sie auffordern, mit mir vor Gericht zu ziehen. Egal wie. Egal was. »Wer ich auch bin: Dein bin ich, o Gott!«

(Bathseba) Ja, du, Jochanan, wir hier haben's auch vernommen, diese Worte, wie Brot für die Seele sind sie! Seit Neuerem weht hier ein anderer Wind. Wie immer, dein kleiner Bruder nennt ihn »Hefe-Wind«, neulich auch »ZuMUTungs-Wind«. Ist er nicht drollig, unser kleiner Haus-Prophet?
Lied: EG 395 Vertraut den neuen Wegen

Zum weiteren Verlauf
In allem, was geschieht, immer wieder gibt es Zeiten, da sind wir hin- und hergerissen. Mal so, mal wieder ganz anders drauf. Jetzt evtl. individuelle, auch gesellschaftliche und globale Beispiele prägnant, kurz, konkret benennen.
Hin- und hergerissen, da braucht's ein Zentrum in uns. Eine ZuMUTung wie auch ein Zutrauen! Das erleben wir im Gedicht von Dietrich Bonhoeffer, während seiner Haftzeit entstanden. *(Drei Standorte)*

(links) Wer bin ich? Sie sagen mir oft,
ich träte aus meiner Zelle
gelassen und fest
wie ein Gutsherr aus einem Schloss.

Wer bin ich? Sie sagen mir oft,
ich spräche mit meinen Bewachern
frei und freundlich und klar,
als hätte ich zu gebieten.

Wer bin ich? Sie sagen mir auch,
ich trüge die Tage des Unglücks
gleichmütig, lächelnd und stolz,
wie einer, der Siegen gewohnt ist.

(rechts) Bin ich das wirklich, was andere von mir sagen?
Oder bin ich nur das, was ich selbst von mir weiß?
Unruhig, sehnsüchtig, krank wie ein Vogel im Käfig,
ringend nach Lebensatem, als würgte mir einer die Kehle,
hungernd nach Farben, nach Blumen, nach Vogelstimmen,
dürstend nach guten Worten, nach menschlicher Nähe,
zitternd vor Zorn und Willkür und kleinlichster Kränkung,
umgetrieben vom Warten auf große Dinge,
ohnmächtig bangend um Freunde in endloser Ferne,
müde und leer zum Beten, zum Denken, zum Schaffen,
matt und bereit, von allem Abschied zu nehmen?

(mittig) Wer bin ich? Der oder jener?
Bin ich denn heute dieser und morgen ein anderer?
Bin ich beides zugleich?
Vor Menschen ein Heuchler
und vor mir ein verächtlich wehleidiger Schwächling?
Oder gleicht, was in mir noch ist, dem geschlagenen Heer,
das in Unordnung weicht vor schon gewonnenem Sieg?

Wer bin ich? Einsames Fragen treibt mit mir Spott.
Wer ich auch bin, du kennst mich, dein bin ich, o Gott!

Möglicher Schluss
Lied: EG 13 Tochter Zion, freue dich

Palmsonntag, wir feiern die heilige Woche. Einer geht seinen Weg.
Weil er in sich diese ZuMUTung Gottes hört: Der Menschensohn Jesus!
Worte aus Gott hält er wie eine Muschel ans Ohr. Seine Zunge wird
zum Instrument, spricht nahezu berauschende Gleichnisse. Müde
erweckt er. Menschen erahnen, dass Gott durch Menschen in die Welt
kommt. Ihm wird aber auch zugemutet, dass wahre Menschlichkeit oft
als Störung empfunden wird. »Weg mit ihm« wird es heißen. Ihm wird

aber auch zugemutet, dass aus Dunkeltiefen des Lebens oft eine Kraft erweckt wird, die Tote lebendig werden lässt. Das bewirkt, dass auch wir dem Ungeahnten vertrauen können. Dass selbst Gewalt in Frieden münden kann.

Wie wenn sie eine Fortführung der Worte des Propheten wären, erleben wir dies:
Eines Tages, es hat im Dorf mächtig Streit gegeben, holt Jesus diese Streithähne zu sich. Und er demonstriert etwas: (jetzt mit zwei Leuten vormachen): »Wenn dich einer auf die rechte Wange schlägt« ... probier's mal, du bei deinem Gegenüber, natürlich nur angedeutet ... er wird mit seiner rechten Hand wo landen? Auf der linken Wangenseite ... Jesus wird sagen: Wenn dich einer auf die rechte Wange schlägt ... also? Ah, und da geht ein Raunen durch die Umstehenden. Manchmal, wenn man den anderen verächtlich erniedrigen will, dann erhebt man im Orient im Vorbeigehen leicht den Handrücken der rechten Hand und streift damit dessen rechte Wangenseite. Wenn also einer in der Art deine rechte Wange treffen will, dich zu erniedrigen sucht, dann ... halte kurz ein ... hole tief Luft ... und halte ihm die andere Wange hin, wie wenn du sagen wolltest: »Schlag doch ...«. »Aktiven Widerstand« nennt man so etwas. Wenn jemand bei dir übergriffig wird, dann gib ihm deutlich ein Zeichen: Stopp! Wenn ein Autofahrer dich provozieren will ... tief Luft holen ... dann nicht darauf eingehen ... Wenn in der politischen Diskussion das Wort als Schneidemesser benutzt wird ... sich zuflüstern: »Wer ich auch bin, dein bin ich, o Gott« ... dann aus einer guten Ruhe heraus das Deutliche deutlich sagen. Immer sind es diese drei Schritte: Wenn ... Erinnerung »Gott in mir, Gott durch mich« ... dann ... Amen.

Gestaltungsidee
Entweder ein/e SprecherIn liest alle Texte und wechselt jeweils die in der Regieanweisung angegebene Position, genial wären drei Sprechende, die dann die unterschiedlichen Rollen einnehmen.

Kontexte und Tipps zum Text
Fundort des Gedichtes von Bonhoeffer: Dietrich Bonhoeffer. Widerstand und Ergebung. Briefe und Aufzeichnungen aus der Haft. DBW BD. 8 Taschenbuchausgabe, Gütersloh 2011, 513

Hartmut Stuber

Erste Begegnung mit dem Text

Wieder einmal ein »Klammertext«. So nenne ich die Perikopen, die neben dem eigentlichen Predigttext noch (in Klammern) auf Textteile verweisen, die für den Predigttext von Bedeutung sein könnten. Oft sind dann gerade in den Klammerteilen gewinnbringende Entdeckungen zu machen. Aber auch hier? Die Verse des Predigttextes sind doch selbst ein Monument, das keine Ergänzung braucht: die älteste Version der Einsetzungsworte des Abendmahls. Doch diese Worte werden von Paulus nicht als Teil eines liturgischen Lehrbuchs veröffentlicht. Sie gewinnen ihre Bedeutung in einer konkreten Situation. Das Einbringen der Einsetzungsworte hat einen Grund (V. 17–22) und besitzt Auswirkungen (V. 27–29.33–34a). Ist beides auch heute noch relevant für die Bedeutung der Einsetzungsworte in unseren Gemeinden?

Gedacht waren diese Worte für eine Gemeinde in Korinth, die von Spaltungen geprägt ist und die Paulus ordentlich abwatscht, weil gerade beim Abendmahl sich eine dieser Spaltungen zeigt. Im Zugehen auf den Kern des Abendmahls sind die einen hungrig (weil zu wenig gegessen), die anderen betrunken (weil zu viel getrunken). Einer gespaltenen Gruppe durch das Abendmahl zur Einheit zu verhelfen, das will Paulus mit den Einsetzungsworten. Es reizt mich, diese Spur zu verfolgen, in einer Welt, die immer noch deutlich in »zu viel« und »zu wenig« getrennt ist; in einer Gesellschaft, die von zunehmenden Spaltungen bestimmt wird; in einer Kirche, die sich immer stärker differenziert; in der Gemeinde vor Ort, in der vielleicht auch nur noch »die Satten« freudig am Abendmahl teilnehmen. Hier könnte sich gerade am Ursprungstag des Abendmahls ein neuer Zugang eröffnen.

Die zweite Klammer ist nicht minder reizvoll. Hier wird die Konsequenz aus einem falsch verstandenen, egoistischen Abendmahlsvollzug deutlich: eine Entwertung der Abendmahlsgemeinschaft und eine

Selbstverurteilung durch das eigene Handeln. Zugleich besitzt dieser Text eine verhängnisvolle Wirkungsgeschichte. Die Furcht, »unwürdig« bei Mahl zu erscheinen, hat zu allerlei seltsamen, dem Abendmahl vorgeschalteten Regelungen geführt. Regelungen, die dem Abendmahl viel an Freude und Selbstverständlichkeit genommen haben. Regelungen, die aber heute keine Rolle mehr spielen. Auch deshalb und weil dieser Teil in der Predigt nicht ohne seine Wirkungsgeschichte auftauchen kann, soll er eingeklammert bleiben.

Bei den Versen 17–22 will ich die Klammer gerne lösen. Der Blick auf die Spaltung in Korinth und auf unsere gespaltene Welt scheint den Blick auf den Kern des Abendmahls zu schärfen, so wie er in den Einsetzungsworten formuliert ist. Also schauen wir genauer hin.

Exegetische Skizze

Das Abendmahl ist für Paulus im 1 Kor ein wesentliches Thema. Seine Aussagen zum Abendmahl gewinnt er dabei in Abgrenzung zur fragwürdigen Praxis in Korinth. Bereits in Kap. 10,16 wird – in Auseinandersetzung mit dem Mahl beim Götzenopfer – die paulinische Abendmahlstheologie in einem Satz zusammengefasst, der wohl, wie auch Kap. 11,23–25 Übernahme eines Traditionsstückes ist. Das Abendmahl ist für Paulus ein Gemeinschaftsmahl. Das Mahl der Gemeinschaft in Christus, aus der die Gemeinschaft der vielen untereinander erwächst. Eine Gemeinschaft, die sich als der Leib Christi gestaltet, was Paulus in 1 Kor 12 dann detailliert ausführt.

Diese Gemeinschaft ist jedoch in Korinth im konkreten Vollzug des Abendmahls gefährdet. Das zeigt die Situation, in die hinein Paulus die Einsetzungsworte zum Abendmahl betont. Spaltungen, mit denen Paulus sich in Kap. 1–4 grundlegend auseinandersetzt, zeigen sich beim Abendmahl exemplarisch. Sie gefährden sogar Sinn und Zweck dieses Mahls (V. 20). Denn begüterte Gemeindeglieder treffen sich zu einem Sättigungsmahl, ohne die Armen der Gemeinde, die noch arbeiten müssen. Dort verzehren sie mitgebrachtes Essen und Getränk in einem Maß, das bis zur Trunkenheit führt. Für die Armen bleibt nur der Hunger (V. 21), mit dem sie am sakramentalen Mahl teilnehmen. Die soziale Spaltung der Gemeinde ist dabei so offensichtlich, dass Paulus diesen Teil des Mahls am liebsten streichen würde (V. 22). Denn knurrende

Mägen und berauschte Köpfe als Ergebnis sozialer Spaltung verhindern es, den Zielpunkt des gemeinsamen Mahls zu erkennen.

Um dieses Ziel deutlich zu machen, erinnert Paulus an die Herkunft des Abendmahls mit einem übernommenen Traditionsstück (V. 23b–25). Paulus gibt weiter, was er empfangen hat. Solch eine Abfolge kennzeichnet generell das Abendmahlsgeschehen. Es ist ein Weitergeben von Empfangenem, das von Jesus ausgeht. Bereits in der Nacht des ersten Empfangs geschieht dies in einer disparaten Gemeinschaft aus Verrätern und Verleugnern; aus Verzweifelnden und sich bald Vereinzelnden.

Denen gibt Jesus Brot und einen Kelch. Dies sind die parallelen, zentralen Begriffe für Paulus beim Abendmahl (so bereits 10,16). Das Brot ist Leib Christi »für euch«. Zu diesem Leib hin gestaltet sich die Gemeinschaft der Einzelnen (12,27). In der Feier des Abendmahls ereignet sich Gemeinschaft mit Jesus, wo man im Teilen des Brotes ein Teil des Leibes Christi wird. Der Kelch (und nicht das Blut), aus dem gemeinsam getrunken wird, lässt in diesem Trinken einen neuen Bund (Jer 31,31) spürbar werden. Ein Bund, der sich im Tod Jesu (»in meinem Blut«) begründet und durch seine Auferstehung in Kraft gesetzt wird. Im Teilen des Kelches erhält die Gemeinschaft der Teilenden Anteil daran.

Essen und Trinken geschehen dabei »zu meinem Gedächtnis«. Dabei geht es nicht um ein historisches Erinnern, sondern um ein bedenkendes Vergegenwärtigen der Tat Jesu. Durch seine vergebende und verbindende Selbsthingabe schafft er eine Gemeinschaft, die in der Einheit mit ihm selbst begründet ist. Diese Einheit gilt es gegen alles Trennende zu behaupten. Wo schon im Umfeld dieser Gemeinschaftsfeier die Einheit durch menschliches Handeln, wie in Korinth, gefährdet wird, muss an die ursprüngliche Absicht dieser Feier erinnert werden. Dabei bleibt das gemeinsame Mahl nicht in der Vergangenheit stecken, wenn dort immer wieder neu empfangen wird, was in der Vergangenheit grundlegend geschehen ist. Im Abendmahl muss an Tod und Hingabe Jesu erinnert werden, die eine Gemeinschaft begründen, die im Hier und Heute in der Feier des Abendmahls neu gestärkt wird. Doch am Ende steht der Ausblick nach vorn, hin zum wiederkommenden Christus (V. 26). Dann erst wird sich die Gemeinschaft als vollendete Gemeinschaft erweisen. Bis dahin bleibt sie herausgefordert und gefährdet, aber immer auch im Abendmahl begründet und bestätigt.

Gemeinschaft ist heutzutage ein wichtiges und doch gefährdetes Gut. Zunehmend zerfallen Gesellschaft und auch Kirche in Interessengruppen. Individualisierte Menschen leben in Blasen, die durch gleichen Rang oder gleiche Interessen definiert sind. Spaltungen greifen um sich, die die Gemeinschaft bedrohen.

Im Abendmahl besitzt die Kirche Jesu Christi ein gemeinschaftsförderndes Ritual von großer Kraft. Daran zu erinnern und auf dieses Ritual hinzuweisen kann Auftrag einer Predigt am Gründonnerstag sein. Es lohnt sich, den Aspekt des gemeinschaftlichen Mahls gegenüber dem der individuellen Sündenvergebung (die am Karfreitag zu ihrem Recht kommt) zu betonen und so gemeinschaftsstiftende Möglichkeiten zu eröffnen. Dabei können die Spaltungen in Korinth zum Sinnbild für all die Spaltungen werden, die uns in unserer heutigen Welt bedrücken. Keineswegs sind dabei die geschilderten Zustände in Korinth ein seltsames Relikt vergangener Zeiten. Die sozialen Spaltungen, die sich dort zeigen, sind immer noch vorhanden, wo in einem Teil der Welt Menschen hungrig vor leeren Tellern sitzen und im anderen Teil volle Regale und Gläser zu manchem Rausch führen. Wenn beim Thema Nahrungsversorgung heute zugleich ein Boom bei Bioläden und Tafelläden zu beobachten ist, sind wir ganz nah dran an Korinth. Auch mit der Frage, ob heute Bioladen- oder TafelladenkundInnen an unserem Abendmahl teilnehmen. Es lohnt sich also, die Situation in Korinth aufzunehmen und in Gegenwartsbezüge hineinzustellen.

Denn nur so wird die Kraft hinter den Einsetzungsworten deutlich, die im Zentrum der Predigt stehen. Es ist eine Kraft, die Spaltung und Trennung überwinden will, hin zu einer Gemeinschaft mit Gott und mit den Menschen. Für diese Gemeinschaft steht Jesus ein. Er tut dies ebenfalls in einer konkreten Situation. In einer Nacht, die von Verrat und Vereinzelung gekennzeichnet ist. Auch diese Situation ist gut zu bedenken, denn genau dort wird empfangen, was über die Jahrhunderte und über ein Ritual weitergegeben wird. Die Worte, die dieses Ritual begleiten, sind dabei weder magische Worte der Verwandlung noch erklärende Worte der Deutung. Sie sind tat-kräftige Worte Jesu, die als Einsetzungsworte auf die sich im Ritual vollziehende Tat Jesu hinweisen. Eine Tat, die neue, gemeinschaftsstiftende Kräfte freisetzt.

Dabei ist zum einen die Tat des Brotbrechens und des in die Runde Gebens eines Kelches gemeint: Sinnbilder für Teilen und Gemeinschaft. Zum anderen wird darin die entscheidende Tat Jesu deutlich. Seine Selbsthingabe im »mein Leib für euch«. Sein Tod »in meinem Blut«. Eine Tat, die Trennungen überwindet. Die fundamentale Trennung von Gott; die existenzielle Trennung im Tod.

Wo solche grundlegenden Trennungen überwunden sind, da ist Gemeinschaft möglich. Da wird Gemeinschaft zur Aufgabe für Christ-Innen in Korinth und in Deutschland. Eine Aufgabe, die in Kirche und Gesellschaft hineinwirken will. Dazu braucht es die Stärkung durch das Abendmahl und die Rückbindung an eine Gemeinschaft, die sich dort versammelt und dort immer wieder neu konstituiert.

Diese Gemeinschaft als Tischgemeinschaft im gemeinsamen Essen vor oder nach dem Abendmahl deutlich werden zu lassen, ist eine Konsequenz der Predigt, auf die nicht verzichtet werden sollte (siehe Gestaltungsvorschlag). Da aber manchmal räumliche oder zeitliche Möglichkeiten dem entgegenstehen, wird die Predigt selbst eine solche gemeinsame Mahlzeit nicht zur Voraussetzung machen. Das Wenige an Brot und Wein enthält bereits die große Kraft.

Predigtthema

Das Abendmahl als Mahl der Gemeinschaft mit Gott und den Menschen.

Vorschläge zur Liturgie

Votum

Wir feiern Gottesdienst als Gemeinschaft.
Eine Gemeinschaft
gewährt von Gott
gestiftet von Jesus Christus
getragen von der Heiligen Geistkraft.

Psalm: Ps 111 oder Ps 34

Gebet zum Eingang

Jesus Christus, Bruder und Herr
und Gastgeber von uns allen.
Du hast auch uns eingeladen,
an diesem Abend,
an den Tisch, auf dem Brot und Wein warten.
Du willst, dass wir gemeinsam feiern:
Hungrige und Satte,
Begeisterte und Enttäuschte,
ewig Gestrige und in Zukunft Ewige.
Halte du unsere Gemeinschaft zusammen,
hier im Gottesdienst und an deinem Tisch.
Halte du uns als Gemeinschaft zusammen,
an diesem Ort,
in unserer Gesellschaft,
auf deiner Welt.

Lesungen: Jer 31,31–35; Mk 14,12–25

Fürbitten

Gemeinschaft stiftender Gott,
es hat gutgetan,
heute Gemeinschaft erfahren zu haben.
Gestärkt können wir nun gemeinsam weitergehen.

Doch die Gemeinschaft, die wir erfahren haben –
so viele Menschen dieser Welt brauchen sie noch,
als dein Geschenk und unsere Aufgabe.

Deshalb bitten wir dich:
für die Hungrigen um die Gemeinschaft der Teilenden,
für die Ängstlichen um die Gemeinschaft der Mutigen,
für die Schuldigen um die Gemeinschaft der Versöhnten.

Wir bitten dich:
für die Kriegstreiber um die Gemeinschaft der Friedensstifter,
für die Wütenden um die Gemeinschaft der Gelassenen,
für die Rücksichtslosen um die Gemeinschaft der Mitfühlenden.

Wir bitten dich:
für die Verzweifelten um die Gemeinschaft des Trostes,
für die Leidenden um die Gemeinschaft des Mitleids,
für die Sterbenden um die Gemeinschaft der Ewigkeit.

Lieder: EG 221 Das sollt ihr, Jesu Jünger, nie vergessen; EG 226 Seht, das Brot, das wir hier teilen; EG (Württemberg) 585 Das Weizenkorn muss sterben; EG (Württemberg) 587 Ich bin das Brot, lade euch ein; NL+ 86 Wenn das Brot, das wir teilen; NL+ 137 Finden wir Verschiedenen zusammen

Vorschlag zur Predigt

Möglicher Anfang

Sind Sie schon einmal hungrig zum Abendmahl gekommen? So hungrig, dass der Magen bereits knurrt und man sich fragt, ob man sich mit solchen Geräuschen in den Kreis der Teilnehmenden stellen kann. Da die Hungrigen, dort die Satten.

Oder haben Sie heute schon ein fröhliches Fest gefeiert, so dass der Wein beim Abendmahl keine Wirkung mehr zeigen kann, weil sie schon ziemlich angeheitert sind? Da der Berauschte, dort die Nüchternen. Spaltungen in einer Gemeinde, die viel von Brot und Wein erwartet. Im Abendmahl freilich mehr als nur Sättigung oder Rausch. Vielleicht wird ja genau eine Erfahrung von Gemeinschaft erwartet, die durch ein »zu viel« oder »zu wenig« gefährdet ist.

So war es zumindest in Korinth, einer Gemeinde, der Paulus das Abendmahl neu nahebringen muss. Denn dort ging vor dem Mahl regelmäßig ein Riss durch die Gemeinde. Um sich ganz auf das Sakrament konzentrieren zu können, hatte man vor das Abendmahl ein Abendessen gesetzt, bei dem alle satt werden sollten. Soweit – so gut. Doch nur die Begüterten der Gemeinde hatten die Möglichkeit, an diesem Essen teilzunehmen. Sie ließen es sich dabei gut gehen und sprachen nicht nur dem Wein zu. Als Arbeiter und Sklavinnen – ein anderer gewichtiger Teil der Gemeinde – später dazu kommen, weil sie noch arbeiten mussten, ist nichts mehr da. Die einen sind hungrig; die anderen schon betrunken. Ein soziales Ungleichgewicht wird überdeutlich, wenn es nun daran geht, Brot und Wein zu teilen. In dieser Situation erinnert

Paulus die Menschen in Korinth, worum es im Abendmahl geht. Er tut das mit Worten, die uns bekannt sind, weil sie auch heute noch klären, was dieses alte Ritual will.

Textlesung 1 Kor 11,17–26

Dort, wo Spaltungen eine Gemeinschaft bedrohen, da erzählt Paulus vom Abendmahl. Wo Trennendes nicht zu übersehen ist, verweist er auf ein Ritual, das Trennungen überwinden kann. In einer Welt, in der zunehmend Spaltungen die Gesellschaft bestimmen, könnte so das Abendmahl zu einem verbindenden Hoffnungszeichen werden. Wo man gemeinsam isst und trinkt, da wächst bereits ein Miteinander. Deshalb betont Paulus die Diskrepanz, die gerade beim Thema Nahrung auftritt. Nahrung, die eigentlich verbinden sollte, spaltet hier.

Das ist doch weit weg von uns und ein speziell korinthisches Problem, mag man hier vielleicht denken. Doch Vorsicht in einer Welt, in der noch immer Menschen mit zu wenig in der Schüssel unter Hunger leiden, während Menschen mit zu viel in den Regalen in Konsumrausch verfallen. Oder schauen wir genauer hin, wo in unserem Land Nahrungsmittel gekauft werden. Zwei Läden erleben da einen starken Zulauf. Die Bioläden, bei denen sehr gute Ware zum höheren Preis verkauft wird. Und die Tafelläden, in denen gerade noch haltbare Ware zu günstigen Preisen weitergegeben wird. Ein Einkaufsverhalten, dass auch heutige soziale Spaltungen erkennen lässt.

Zum weiteren Verlauf

Es empfiehlt sich, bei einem der beiden genannten Beispiele (je nach Relevanz für die Gemeinde) noch zu verweilen, um Spaltungen und deren Ursachen kenntlich zu machen. Natürlich können auch andere aktuelle Spaltungstendenzen in Gesellschaft und Kirche angesprochen werden. Das Abendmahl wird dann als Gegenmittel zu allen Spaltungen vorgestellt.

Gegen alle spalterischen Tendenzen stellt Paulus die Erinnerung an das Abendmahl. Er zitiert dazu Worte, die er selbst empfangen hat und die auch wir heute bei jedem Abendmahl verwenden. Diese »Einsetzungsworte« sollen zu Beginn des Abendmahls deutlich machen, was dabei geschieht. Paulus schreibt diese Worte jedoch nicht als Teil eines liturgischen Lehrbuchs. Sie helfen vielmehr dabei, eine Krisensituation zu klären und Spaltungen zu überwinden. Diese bedeutenden Worte haben bei Paulus also ein bestimmtes »Setting«; sie haben ihren Platz in einer bedrohten Gemeinschaft. Und genau diesen Platz hatten sie auch schon bei Jesus. »In der Nacht, da er verraten ward«, befindet sich Jesus inmitten einer bedrohten und bald zerfallenden Gemeinschaft. Um ihn herum Verräter und Verleugner; Menschen, die bald die Verzweiflung packen wird. Vor allem jedoch Menschen, deren Gemeinschaft kurz darauf gesprengt wird und die dann der Vereinzelung ausgeliefert sind.

Jesus weiß: Alles wird auseinanderfallen. Jesus handelt deshalb mit zeichenhafter Zuversicht. Einer Zuversicht, die erneute Gemeinschaft ermöglicht. Bereits das Zeichen sagt alles. Indem er für das Brot dankt und es bricht, wird klar: Gemeinschaft verdankt sich einem anderen und verwirklicht sich im Teilen. Die folgenden Worte laden dieses Zeichen noch auf. »Mein Leib für euch«. Der Leib als Bild für eine Gemeinschaft der Verschiedenen, die ein Ganzes bewirken; dieses Bild verwendet Paulus gern. Der Leib ist dabei der Leib Jesu. Dieser Leib ist kein Selbstzweck. Im »für euch« zeigt sich Jesu Selbsthingabe für die, denen Gemeinschaft verloren gegangen ist. Für Menschen, die in Trennungen – von Menschen, von Gott, von sich selbst – gefangen sind und so immer mehr vereinzeln. Für die gibt es ein Stück Brot. Und im Essen des Brotes Teilhabe am Ganzen; an Jesus, der eine Gemeinschaft mit ihm und in ihm stiftet. Eine Gemeinschaft, die neu und doch uralt ist.

Das zeigt der Kelch, der nun die Runde macht. Ein Kelch, der weitergegeben wird und aus dem alle trinken: Wie könnte sich eine Verbindung, ein Bund besser zeigen? Dieser Bund ist der ewig alte von Noah und vom Sinai und der von Jeremia und Jesaja neu versprochene Bund Gottes mit den Menschen. Hier verwirklicht »in meinem Blut«. Vollzogen durch den Tod Jesu, der gleich zwei fundamentale Trennungen überwindet.

Im hingebenden Sterben die Trennung des sich verleugnenden Menschen von Gott. In der diesen Tod bestätigenden Auferstehung die Trennung zwischen Tod und Leben. Wo Menschen Anteil an der Überwindung dieser Trennungen erhalten, da sind sie dafür ausgerüstet auch andere Trennungen zu überwinden.

Um Trennungen zu überwinden, werde ich sterben, das gibt Jesus denen mit, die ein letztes Mal und immer wieder mit ihm an einem Tisch sitzen. Das gilt es im Gedächtnis zu bewahren. Diese Einheit in

Jesus Christus gegen alles Trennende wird im Abendmahl begründet und bestärkt. Eine Einheit, die handlungsfähig macht gegen Trennungen und Spaltungen, die Gemeinschaft zerstören wollen. Spaltungen, die zum Menschsein, zu Kirche oder Gesellschaft dazugehören; die wir aber nicht betonen müssen, sondern abbauen können. Wir können dies, weil einer mit dem Abbau der Trennungen begonnen hat und sie vollenden wird in einer allumfassenden Gemeinschaft von Gott und Mensch.

Möglicher Schluss
Zu Beginn des Schlussteils können nochmals Konsequenzen für das ausgewählte Spaltungsbeispiel aufgezeigt werden.

Ein Hunger wird in jedem Fall beim Abendmahl bleiben, egal ob der Magen knurrt oder nicht: der Hunger nach Gemeinschaft. Ein Hunger, der zunehmen wird in unserer so satten und gespaltenen Gesellschaft. Ein Hunger, der nicht mit einem Stück Brot oder einem Schluck Wein gestillt wird. Aber durch den, der das Brot ist und der uns im Essen dieses Brotes Gemeinschaft mit ihm schenkt. Und der diese Gemeinschaft weitet, indem er den Kelch mit Wein in die Runde reicht; damals in jener Nacht und heute bei jedem Abendmahl. In eine Runde unterschiedlichster Menschen, die er damit verbindet – mit sich und untereinander. So wird der Hunger nach Gemeinschaft gestillt.
Freilich ist dies immer eine Momentaufnahme, wenn wir einen Kreis am Altar bilden, uns an den Händen fassen oder uns Gottes Frieden wünschen. Doch es ist die Momentaufnahme von Menschen, die nun gestärkt sind, um selbst Gemeinschaft zu schaffen und Trennendes zu überwinden. Gestärkt, weil diese Menschen zwischen gestern und morgen stehen. Einem Gestern, bei dem in jener Nacht durch Jesus eine Gemeinschaft unter der Vergebung begründet wurde. Wo Vergebung Trennendes – das wir Sünde nennen – überwindet, da ist ein starkes Fundament für eine Gemeinschaft gelegt. Der Weg einer trotzdem gefährdeten Gemeinschaft geht zugleich einem Morgen entgegen, der alles Trennende aufheben wird. So ist diese Gemeinschaft immer auch eine Gemeinschaft unter der Verheißung. Vergebung und Verheißung – dafür steht Jesus selbst im Abendmahl ein. Wir stehen dort zusammen, um dann einzustehen für Gemeinschaft, dort, wo sie nötig ist in einer zerrissenen Welt.

Gestaltungsidee

Passend wäre es, das Abendmahl als Tischabendmahl zu feiern. Dabei sollte das gemeinsame Essen vor dem Abendmahl stattfinden. Wenn die Gemeindeglieder aufgefordert werden, zu diesem Essen einen eigenen Beitrag mitzubringen, sind wir nahe an den Ereignissen in Korinth. Im gemeinsamen Essen wird allerdings ein Kontrapunkt dazu gesetzt.

Symbole, Aktionen

Wer am Thema »Bioladen – Tafelladen« sich orientiert, könnte Gemeindeglieder bitten, ein Produkt aus dem Bioladen mitzubringen, das im Kirchenraum gesammelt wird und nach dem Gottesdienst zum Weiterverkauf in einen Tafelladen gebracht wird. Eine symbolische Handlung, die zusammenbringt, was beim Vollzug des Abendmahls wahrscheinlich nicht zusammenkommt.

Kontexte und Tipps zum Text

»Babettes Fest« ist ein dänischer Film, bei dem eine sehr unterschiedliche Dorfgemeinschaft durch ein Festessen zusammenfindet. Das Essen, ein Erinnerungsmal an den verstorbenen Pastor, wird durch den Einsatz der Köchin Babette zum Erfolg. Sie investiert ihr Können und ihr ganzes Geld in dieses Mal. Am Ende haben ihre himmlischen Kochkünste auch manches religiös verstockte Herz gewonnen.

Lutz Gräber

Erste Begegnung mit dem Text

»Es ist vollbracht!« So wie Jesus in Joh 19,30a hätten dies auch Sterbende oder ihre Angehörige, die ich begleiten konnte, sagen oder denken können. Deshalb höre ich das »Es ist vollbracht!« zuallererst als einen Stoßseufzer der Erleichterung: »Geschafft!« Die Zeit des Leidens und der Schmerzen ist vorbei, ich darf mich fallenlassen, ich muss nicht mehr stark sein. Ich erlebe Jesus hier ganz menschlich, das Lebensschicksal vieler Menschen teilend und damit verstehend.

Beim zweiten Nachdenken reichen diese drei Worte Jesu aber noch viel weiter. Sie betreffen sein ganzes Leben. Kurz und unglaublich prägnant: Eine Lebensbilanz in drei Worten. Kein Wort zu viel: Keine Selbstdarstellung oder Selbstrechtfertigung. Kein Wort zu wenig: Jede einzelne Tat Jesu kann auf ihre Sinnhaftigkeit befragt werden, weil Jesus sich selbst und seinem Auftrag überall treu geblieben ist.

Exegetische Skizze

Joh hat den Bericht über die Kreuzigung in fünf Szenen mit einem klaren Spannungsbogen als eine Art »Triptychon« (Klaiber, 211) gestaltet, bei dem die beiden äußeren Szenen die entscheidende Rahmung bilden: Von der kurzen Schilderung der Kreuzigung selbst (V. 16b-18) über die ausführlichere Reaktion der Gegner (V. 19–22) und dem Verhalten der Soldaten (V. 23 f.), führt der Weg zur Sorge Jesu für seine Mutter, die er an den Lieblingsjünger weist (V. 25–27) und zum Trost für die weiteren drei (!) Frauen unter dem Kreuz. Dann stirbt Jesus, in der Gewissheit, alles vollbracht zu haben (V. 28–30).

Joh hat sein Evangelium und auch den Predigttext so gestaltet, dass äußerer Ablauf und innere Konsequenz eines Planes Gottes mit Jesus ineinander liegen. Diesem Plan fügt sich auch das Handeln der Täter, die trotz aller Bosheit am Ende nur tun, was verheißen ist. So vereinen sich hier die Erzählung über das Sterben Jesu als Vollendung der Liebe Gottes, mit Deutungsmerkmalen, die zeigen, dass hier mit Jesus ein Mensch stirbt, der eben nicht einer war »wie du und ich«.

Darauf weisen die vielen symbolisch zu verstehenden Hinweise hin, die weit über den Predigttext hinausgreifen. So deutet etwa Johannes der Täufer bereits in 1,36 auf Jesus als das Lamm Gottes hin und die Konfrontation mit Pilatus ist vor allem eine Auseinandersetzung zwischen Macht und Wahrheit (19,5–11). Sie zeigt, dass Pilatus keine Macht über Jesus (die Wahrheit) hat, weil sein Reich nicht von dieser Welt ist (18,36).

Im Predigttext wird dieser innere Plan fortgesetzt: 1. Die ganze Welt erfährt durch die Aufschrift auf dem Kreuz von der herausragenden Stellung Jesu (V. 21 f.). 2. Die Hinweise der Schrift werden erfüllt (Psalm 22 in V. 24 und V. 28). Der Durst Jesu entspricht dem Durst nach ewigem Leben und Jesus präsentiert sich durch sein Gewand als der wahre Hohepriester. 3. Unter dem Kreuz bildet sich die neue Familie Gottes, indem Jesus seine Mutter an den Lieblingsjünger weist (V. 25–27). Die Gegensätze von Mann und Frau, Juden und Heiden, Mensch und Gott werden überwunden. 4. Abschließend gipfelt die Symbolik in der letzten Szene (V. 28–30) in der dreifachen Verwendung des griechischen Verbs *teleo*. In diesem Begriff ist das Christus-Ereignis im Johannesevangelium vom »Prolog im Himmel« bis zur Auferstehung konzentriert (vgl. Ringleben, 384 f.). Der Wille dessen, der ihn gesandt hat, ist erfüllt und sein Werk damit vollendet (vgl. das Gebet Jesu in Joh 17,4). Dazu gehört die abschließende Geste des neigenden Hauptes und das Dahingeben des Geistes. Der Geist wird an die Seinen (die Gemeinde) hin- und weitergegeben.

Der Mensch Jesus und der Sohn Gottes sind in dieser Erzählung nicht zu trennen. Die Erniedrigung, die Jesus erfährt, wird umgriffen durch seine Erhöhung. Schon Nietzsche hat an dieser Interpretation des Lebens kritisiert, dass sie ja der reinste Hohn und Triumph einer Sklavenmoral sei. Es gehört zu den Herausforderungen der Predigt, demgegenüber die Bedeutung des Lebens Jesu in Liebe und Fürsorge bis zum Tod am Kreuz deutlich werden zu lassen, obwohl sie den gesellschaftlichen Idealen von Stärke und Erfolg widerspricht.

Weg zur Predigt

Ich gehe diesen Weg, indem ich vom Predigttext eine Parallele ziehe zum menschlichen Leben insgesamt. Wie kann Leben als »vollendet« beschrieben werden, wenn es doch so abrupt endet? Ich lehne mich bei der Beantwortung dieser Frage an das Konzept der »fragmentarischen Identität« bei Henning Luther an. Diese macht Luther gegenüber dem Entwurf einer vollständigen und dauerhaften Ich-Identität stark. Sie ist deshalb angemessen, weil darin alle Lebenserfahrungen aufgehoben sein können. Damit entspricht sie dem Leben und Sterben Jesu. Ich möchte die Hörer:innen in diese Lebensperspektive hineinführen.

Jesus ist dabei mehr als ein Vorbild für eine Lebenseinstellung. Wäre er (nur) dies, würde die Bedeutung des Kreuzestodes Jesu »für mich« deutlich verkürzt. Angemessener kann man von einem »Urbild« sprechen. Jesus ist dann in allen Erfahrungen meiner eigenen fragmentarischen Existenz dabei.

Zugleich ist Jesus am Kreuz ein Aufschrei gegenüber allen Untaten und Gräueln. Immer wieder missbrauchen Menschen ihre Macht, um andere zu Opfern zu machen. Jesus ist auf der Seite der Leidenden. Daran will ich nicht nur zum Trost, sondern auch zur Klage und Mahnung erinnern.

Predigtthema

Im Leben und Sterben Jesu scheint dein Leben auf – zu Orientierung, Klage, Trost und Hoffnung.

Vorschläge zur Liturgie

Zur Gottesdienstgestaltung: Auf Altarschmuck und Paramente (außer schwarz) sollte verzichtet werden. Auf dem Altar könnte einzig eine Kerze brennen, die nach der Evangeliumslesung gelöscht wird. Gute Anregungen zur Gestaltung einer »Offenen Schuld« und der Abendmahlsliturgie finden sich in: Zuspruch und Danksagung: Abendmahlsliturgien, Hannover 2010, 113–119.

Eingangsgebet

Lebendiger Gott,

dein Sohn Jesus Christus tot am Kreuz.

Gib uns die Kraft, dies auszuhalten.

Stärke uns, hinzuschauen, auch wenn es schwerfällt.

Hilf uns, deiner Zusage zu vertrauen,

dass du auch aus dem Schweren und Bösen,

das wir Menschen einander antun,

Gutes erwachsen lassen und Hoffnung schenken kannst.

Das bitten wir dich durch Jesus,

der alles Leid sieht und an der Seite der Leidenden steht,

dir gehorsam bis zum Tod am Kreuz.

Amen.

Psalm: Ps 22 greift das Thema der Gottverlassenheit auf, der Predigttext akzentuiert anders. Ich schlage deshalb vor, Jes 53,4–6 an die Stelle der Psalmlesung zu rücken.

Lesungen: Der Predigttext kann als einzige Lesung abschnittsweise gelesen (V.16–22; V.23–27; V.28–30) und durch eine Liedstrophe oder einige Takte musikalischer Begleitung unterbrochen werden.

Fürbitten

Christus, wir schauen und hoffen auf dich,

Erbarme dich aller Menschen, die zu deinem Kreuz kommen mit ihrem Kreuz:

Gekrümmt unter Schmerzen, in Todesangst und Verlassenheit,

zerrissen, leer und verzweifelt.

Lebe du in ihnen als öffnende Hoffnung und stärkende Kraft.

Kehrvers: Erleuchte und bewege uns (u. a. in: Lieder zwischen Himmel und Erde 78)

Christus, wir schauen und hoffen auf dich,

erleuchte alle Menschen, die zu deinem Kreuz kommen mit ihren Gaben:

Schenke ihnen die Liebe und Weitsicht, in deiner Liebe das Gute zu tun.

Lass sie tatkräftig, bescheiden und listig handeln.
Lebe du in ihnen mit deinem Geist der Beharrlichkeit.

Kehrvers: Erleuchte und bewege uns

Christus, wir schauen und hoffen auf dich,
ermutige uns alle mit der unbeirrbaren Kraft deiner Zuversicht:
für alle Aufgaben in deiner Kirche zwischen Aufbruch und Schuld,
wink uns alle, die wir uns zu dir bekennen, heraus aus den Kellern
unserer Resignation.
Lebe du in uns als Kraft der Unterscheidung, welche Kreuze wir zer-
brechen –
und welche wir tragen müssen.

Kehrvers: Erleuchte und bewege uns

Lieder: EG 85 O Haupt voll Blut und Wunden könnte, wenn auf musikalische Begleitung verzichtet wird, a capella gesungen werden und
sich mit den einzelnen Strophen wie ein roter Faden durch die Teile
des Gottesdienstes ziehen. Weitere Lieder: EG 93 Nun gehören unsre
Herzen; EG 153 Der Himmel, der ist; EG+ 9 Im Dunkel unsrer Ängste

Vorschlag zur Predigt

Möglicher Anfang

Jesus ist tot. Spürt ihr den Schmerz? Nicht mehr sagen zu können: »Es
wird schon wieder«. Nicht mehr vertrösten zu können auf morgen oder
übermorgen, oder wenn die Zeit alle Wunden geheilt hat. Das tut weh.
Und trotzdem schauen wir hin, obwohl wir vielleicht gern wegschauen
wollen (an dieser Stelle kann ein Bild des Isenheimer Altars einbezogen
werden, s. unter Symbol).
Karfreitag – immer dann wird es Karfreitag für unser Denken und
Fühlen, wenn Gewalt Sterben und Tod hervorruft. Es wird Karfreitag,
wenn Menschen zu Opfern werden. Verschüttet, zerrissen, verbrannt.
Gekreuzigt. Wir schauen hin. Jesus ist selbst Opfer und auf der Seite
der Opfer. Jesus hat erlitten, was sie erleiden. Jesus kennt unser Leid.
Wir sind nicht allein mit unserem Schmerz.

Da ist noch mehr. Wir schauen hin. Jesus am Kreuz. In mir ein Schrei der Wut und Klage. Macht wird missbraucht, ich kann nichts tun. Ausweglosigkeit. Wer greift ein? Das Kreuz lässt mich in Berührung kommen mit meiner Ohnmacht. Es lässt mich auch in Berührung kommen mit dem Dunklen, das mir geschehen kann. Auch ich kann in meinem Leben anderen Mächten schutzlos ausgeliefert sein. Ja, so kann auch unser Leben sein. Schutzlos und hilfsbedürftig.

Zum weiteren Verlauf

Das klingt nach Kontrollverlust. Ich habe nicht mehr alles im Griff. Wir schauen hin. Jesus kann dem Kreuz nicht ausweichen. Seine Liebe zu den Menschen, gescheitert? »Ich bin der gute Hirte« hat er gesagt und so empathisch hat er sich ihnen zugewandt. »Ich bin das Brot des Lebens« hat er gesagt und den Hunger und die Sehnsucht der Menschen gestillt. »Ich bin der Weg und die Wahrheit und das Leben« hat er gesagt, und nun soll er zu Ende sein, dieser Weg, und die Wahrheit wird ans Kreuz geschlagen? Endet der Weg und das Anliegen Jesu am Kreuz, bleibt alles Bruchstück und Fragment?

Der Philosoph Friedrich Nietzsche hat das so gesehen und als Gegenmodell den »Übermenschen« propagiert, der alles andere, das dem eigenen Lebenswillen im Weg steht, zur Seite schiebt und ausschließt. Uns allen stehen Beispiele dafür erschreckend vor Augen. Aber bevor wir uns über so eine Theorie empören, denken wir daran, welche Bedeutung ein ichbezogenes Leben auch für uns hat, um Widerstandskraft in allen Herausforderungen und die Durchsetzung unserer Interessen zu garantieren.

Dabei wissen wir aber auch, wie unsicher, wie wenig planbar die Ereignisse in der Welt und auch unseres Lebens sind. In den Krisensituationen wird dabei etwas deutlich, was zur Entwicklung unseres Lebens dazugehört. Brüche, Verlusterfahrungen, Unsicherheiten, wie es weitergeht. Sie sind Teil des Lebens, auch wenn wir dies bisweilen verdrängen.

Das Leben als ein Fragment zu beschreiben hat also nichts Defizitäres, sondern bringt eine tiefe Wahrheit zum Ausdruck, die sich auch im Kreuzesgeschehen abbildet. Wo andere nur Abbruch, Versagen und Fragment erkennen, da spricht Jesus »Es ist vollbracht« – ein Leben in der ganzen Tiefe wahrhaftigen Lebens.

Hier können Beispiele für ein solches Leben in »fragmentarischer Identität« (vgl. Henning Luther, 160–182) folgen und ergänzt werden – auch am Beispiel Jesu:

- Christliche Identität steht in der Spannung zwischen dem Schon und Noch-nicht des Reiches Gottes: So wie Gottes Reich im Werden ist, so ist es auch mit der menschlichen Identität. Sie hat Teil an diesem Werdeprozess und bleibt von daher immer fragmentarisch. Christliche Identität ist Ganzheitsvertrauen bei gleichzeitiger Akzeptanz der eigenen Endlichkeit und Begrenztheit.
- Sie ermöglicht erst, Trauer und Trauerprozesse zuzulassen und nicht verdrängen zu müssen, sowohl in der Klage über die Opfer als auch dem angemessenen Umgang mit eigenen Schuld- und Versagenserfahrungen.
- Sie ist der Garant dafür, Neues zuzulassen, Zukunft neugierig als offen zu erleben, weil nur durch eine fragmentarische Existenz Hoffnung möglich ist.
- Sie muss sich nicht gegenüber den Anderen abschotten, weil die Angst vor Überfremdung und Veränderung durch andere Menschen die eigene Identität in Frage stellt. Fragmentarische Existenz ist ein Garant der Liebe.
- Und sie ist letztlich auch ein Garant der Freiheit. Ich muss nichts und niemanden fürchten: Kein Urteil eines Pilatus, keine Abschreckung durch Gewaltandrohung, nicht einmal den Tod. Diese Freiheit zeigt Jesus. Gott hält ihn. Gott hält dich. In allem.

Möglicher Schluss

Es ist vollbracht. Was für ein Satz, den Jesus da spricht. Am Kreuz. Am Ende. Da scheint ein Anfang auf, eine Hoffnung, wo alle Hoffnung endet. Wir schauen hin. Seit dem Karfreitag trauen wir uns das zu. Weil Gott in allem dabei ist. Auch in unserem ängstlichen, zweifelnden Herzen. Alles darf Raum haben. Denn so ist unser Leben zwischen Zweifel und Erfüllung. Niemand hat diese Spannung für mich so eindrücklich in Worte gefasst wie Dietrich Bonhoeffer in seinem Gedicht »Wer bin ich?«
(Siehe in diesem Band S. 98 f.)

Symbole und Aktionen

Zu Beginn der Predigt kann auf die erste Schauseite des Isenheimer Altars (Colmar) mit der Kreuzigung Christi verwiesen werden. Das Leiden Jesu in Joh 19 und die Trauer der Menschen, die ihn lieben, wird hier den Betrachter:innen in großer Deutlichkeit vergegenwärtigt. Nicht wegzusehen, sondern sich diesem Anblick auszusetzen, kann das Anliegen der Predigt unterstreichen.

Kontexte und Tipps zum Text

Zur fragmentarischen Identität, siehe Max Frisch, Tagebuch 1946–1949, München/Zürich 1965, 26 f.

Literatur:

Bonhoeffer, Dietrich, Widerstand und Ergebung, München [12]1983
Klaiber, Walter, Das Johannesevangelium, Teilband 2, Göttingen 2018
Luther, Henning, Religion und Alltag. Baustein zu einer Praktischen Theologie des Subjekts, Stuttgart 1992
Ringleben, Joachim, Das philosophische Evangelium. Theologische Auslegung des Johannesevangeliums im Horizont des Sprachdenkens, Tübingen 2014

Bettina Schwietering-Evers und Olaf Trenn

Erste Begegnung mit Osternacht und Bibeltext

»Herzliches Beileid« wünscht uns ein lieber Kollege. Es sei ja ein äußerst nutz- und sinnloses Unterfangen, eine Perikope für die Osternacht zu präparieren, da jede Gemeinde, die nächtens die Osternacht begeht, eigenen liturgischen Traditionen folgt und viel Schönes im Repertoire hat: Osterfeuer und Osterkerze, viele kleine Kerzen und große Gesänge, Lesungen und Gebete, Taufen oder Taufgedächtnis, Osterbrot und Rotwein – eben bloß keine Predigt zum vorgeschlagenen Bibeltext. »Und dann auch noch 1 Thess 4,13–18 – ein apokalyptischer Briefausschnitt, den sowieso niemand mehr versteht und dessen Gedankengang noch unausgereift und im Dunkel früh-paulinischer Missionstheologie verborgen liegt.«

»Herzliches Beileid«, das mussten seit dem letzten gemeinsamen Verstorbenen-Gedenken am Toten- und Ewigkeitssonntag des vergangenen Kirchenjahres so manche Schwestern und Brüder unserer christlichen Gemeinden hören, deren Angehörige im Advent, in der Weihnachts-, Epiphanias- oder Passionszeit gestorben sind. Ein knappes halbes Jahr ist das neue Kirchenjahr alt. In 1 Thess 4,13–18 geht es ja nicht in erster Linie um die Auferstehung Jesu Christi, sondern um »die, die da schlafen, damit ihr nicht traurig seid wie die andern, die keine Hoffnung haben.« (13) Denn »die Toten werden in Christus auferstehen zuerst.« (16) – Ein hoffnungsvolles Totengedenken auf halber Strecke. Eine mitternächtliche Etappe, die ernstmacht mit der Auferweckung.

»Herzliches Beileid« wünschen Paulus, Silvanus und Timotheus den um ihre Angehörigen trauernden Geschwistern in Thessaloniki. Wir lesen die vorgeschlagene Briefsequenz jedenfalls so: tröstend, seelsorglich, eine neue, gemeinsame, eine einmalige und gleichberechtigte

Zukunft eröffnend, die die bis dato Verstorbenen nicht außen vor, sondern vorneweg und triumphierend, das Ziel aller Ziele in allererster Reihe und doch gemeinsam mit uns irdisch Lebenden und uns alle miteinander in Christus und ihm entgegen erreichen lässt.

Gestaltungsidee

Auf einmal ist uns Schreibenden genau danach: Diese mitmenschliche Auferweckung zur Parusie des »von dort wird er Kommenden« als kleines Mysterienspiel in der Osternacht zu erleben – der mitternächtlichen Station zwischen den beiden Ewigkeitssonntagen mit ihrem Totengedenken: Das Licht der Osterkerze, entzündet am Osterfeuer vor der Kirche, dessen Flammen sich bereits in der Apsis des Altarraums spiegeln, geht der Gemeinde voran und nimmt im Altarraum Platz. Vorsichtig wird das lebendige Licht abgestellt und steht nun inmitten einer mysteriösen Szenerie, in der weiße Laken am Boden liegende Körper bedecken, zu deren Häuptern oder Füßen je ein rotes Grablicht flackert.

Der Ruf der Posaune (A, G, A, C, D, A), die ersten sechs Töne des »Christ ist erstanden« (EG 99) erklingen von der Empore. Und schon streift eine erste Gestalt ihr Leinentuch ab, löscht das Grablicht, erhebt sich, geht langsam zum Pult und liest einen ersten der im Lektionar vorgeschlagenen Osternachts-Texte. Nach einer kurzen Stille erschallt die Posaune ein zweites, ein drittes, ein viertes Mal. Und wieder und wieder erhebt sich eine Gestalt, tritt zum Pult, liest und tritt zur Seite. Andere ›Lesungen‹ sind denkbar: Moderne Ostertexte, Gedichte, Erinnerungen, persönliche Bekenntnisse.

Eine Predigt gibt es auch in unserer Osternacht nicht. Dafür eine Kerzenmeditation, die 1 Thess 4,13–18 aufscheinen lässt, nachdem die ›Auferweckten‹ das Licht der Osterkerze an die Menschen in den Reihen ausgeteilt haben.

Exegetische Skizze

Vor uns entfaltet sich das älteste schriftliche Zeugnis der Christus-Bewegung (vgl. die trinitarische Wendung in 1,1) in Form eines echten Briefes, der gleich drei Absender nennt: Paulus, Silvanus und Timotheus haben ihn kurz nach ihrem Aufenthalt in Thessaloniki (heute Saloniki, vgl. Apg 17,1–9) um das Jahr 50/51 verfasst. Mehrere Wochen waren sie während ihrer Griechenlandmission vor Ort, kamen aus Philippi frei und zogen anschließend nach Athen weiter. Doch die Geschwister in Thessaloniki ließen sie nicht los. Unterwegs erinnern sie ihre Erlebnisse, diskutieren das Diskutierte, spinnen es weiter, wollen die liebevolle Verbindung zu ihren ›Geschwistern‹ (vgl. 5,25.27) aufrechterhalten. Und schon diktieren sie sich ihre Gedanken gegenseitig in die Feder.

Wenig später wird der Brief in der kleinen Hausgemeinde gelesen, wieder und wieder, es gibt ja nur das eine Exemplar. Was den drei Reisenden wichtig ist: a) Rückblick halten auf die gemeinsame Zeit in der Stadt, in der sie niemandem zur Last fielen, gearbeitet haben für Unterkunft und Verpflegung, Gleiche unter Gleichen waren und gerade deshalb auch glaubwürdig (1–2) und b) Ausblick halten auf das, was nach dieser für (uns) alle so belastenden Gegenwart in der ersehnten, endzeitlichen Zu- und Wiederkunft an Herrlichem aussteht (3–4).
Die es lesen, sind konvertierte Heid:innen (1,9), vielleicht so um die zwanzig bis dreißig Personen. Mehr passen gar nicht in das Atrium eines Hauses in der Mehr-Religionen-Metropole mit Hafen. Blutig verfolgt werden sie (noch) nicht. Doch bereits gemieden, geschnitten, argwöhnisch beäugt oder links liegen gelassen. Nachbarschaftliche Hilfe bleibt aus, Handelsketten und freundschaftliche Bande lösen sich. Der Glaube an einen zu Tode gefolterten und auferweckten Juden, der keinen Kaiserkult zulässt, lässt sich wenn überhaupt nur schwer als Alternative auf dem Markt der religiösen Angebote präsentieren.

Die Kaufleute, Handwerker, Sklav:innen, die sich dennoch über ihre sozialen Grenzen hinaus zusammentun und zu ihrem jüdischen Christus-Gott beten, kennen noch keine Traditionen, keine Gruppenidentität, Gemeindemuster und Funktionen. Das kommt erst später. Was sie gegen andere religiöse Strömungen erwarten, ist eine zeitlich nahe Wiederkunft ihres Christus, mit dem sie, die im täglichen Leben unterlegenen Beständigen, endlich (!) ins Recht und ins rechte Licht gesetzt und mit Gottes Gerechtigkeit aufgerichtet werden. Am Ende wird sich ihr Gott als der einzig wahre Herrscher und Erlöser erweisen. Nur schade, dass es jetzt schon Tote gibt unter den wenigen Gerechten. Nur ein paar vielleicht. Wie können sie bei der Aufrichtung der Königsherrschaft Gottes mit-triumphieren, wo sie doch schon gestorben sind?

Paulus, Silvanus und Timotheus erweisen sich mit ihrem Brief als Seelsorger. »Paulus will nicht über die Entschlafenen an sich reden, sondern nur so, dass die Gemeinde nicht in eine Trauer versinkt, die sie den hoffnungslosen ›übrigen‹ gleichstellt.« (Traugott Holtz, EKK, 188) Fundament der Hoffnung, die sie stiften, ist die Auferweckung Jesu von den Toten – eine zu allen Zeiten steile These. Und sie beinhaltet auch: Christ:innen haben Anteil an dieser Erweckung. Denn Gott ist darin die einzig handelnde Größe. Selbst die Toten werden hineingenommen. Und das als erste(s)! Noch vor uns erleben sie Parusie und Rehabilitation. Sicherlich keine in sich abgeschlossene Lehrmeinung, die der Korinther- und Römerbrief-Korrespondenz standhalten will. »Die Gewissheit um die Zukunft hat tröstende Funktion für die heillose Gegenwart. Von der Zukunft her ergibt sich für den Glauben, dass die Gegenwart keine verlorene ist.« (Holtz, 208)

Es geht um ein seelsorglich vergewisserndes Nacheinander: Erst kommt der Parusie-Christus, dann werden die Toten auferweckt. Dann erleben wir alle zusammen die Parusie. Gott nimmt uns und Jesus mit. Das muss reichen. »Paulus trägt die Sätze, die die endzeitliche Zukunft erhellen, nicht um ihrer selbst willen vor; er will seiner Gemeinde helfen, ihre Gegenwart zu bestehen. Er bedient sich dabei auch apokalyptischer Überlieferung mit ihrem bizarr-realistischen Griff in die Zukunft« (Holtz, 206). Und: »Wir brauchen die Realistik der apokalyptischen Erwartung nicht zu teilen und können doch die Botschaft des Paulus vernehmen. Die apokalyptische Weise, Geschichte und Heilsgeschichte auszusagen, ist eine Erscheinung, die einen bestimmten geschichtlichen Ort hat, an dem sie die angemessene Art war, Wahrheit verstehbar zu machen. Wir sind nicht an diesen Ort gefesselt. Freilich müssen wir versuchen, die Wahrheit, die so gefunden, gesagt und verstanden wurde, zu bewahren« (207).

Auf dem Weg zur Osternacht

In dieser Osternacht geht es um kleine, feine Osternachtgedanken, geht es um verstorbene und lebendige (Christen-)Menschen am Tag der Parusie Christi und darin um die Vergewisserung christlicher Auferweckungs-Hoffnung aus seelsorglicher Perspektive. Weil Gott in Christus in der Welt gehandelt hat, werden auch unsere Verstorbenen – und die vielen und wir – auferweckt. Egal, ob sie sich und wir uns im Leben abgemüht und für die christliche Gemeinschaft in feindlicher Umwelt eingesetzt haben, oder ob sie und wir nichts dergleichen an ›Leistung‹ erbracht haben: Gott ist es, die handelt und Auferweckte und Lebende mit Christus führt.

Es gibt trotz aller Ungewissheit etwas Erhellendes in der Osternacht, auf das wir warten. Wir tragen es in die Dunkelheit und werden zugleich selbst in die Helligkeit des Ostertages geleitet. Mit 1 Thess 4 erleben wir, wie Gott uns mit Christus in das Erleben der Parusie führt.

Der Reiz liegt darin, dass das Erleben dieser Osternacht vom frühesten christlichen (Brief-)Text getragen und durchzogen wird. Die Feier mag kürzer sein als gewohnt, mag archaisch wirken und hat ihre Besonderheit darin, diesem einen Hoffnungstext nachzuspüren. Wir lassen in einem Mini-Mysterien-Spiel Entschlafende auferstehen, hören dazu den Ruf der Posaune und trösten einander mit den Worten der ersten Missionare. Damit steigen wir in ihre Wirkung ein und erwecken sie in performativer Vorwegnahme himmlischer Parusie zum Leben.

Thema der Osternacht

Auferweckung macht erst dann vollendet Sinn, wenn sie uns nach dem Ende aller ungewisser Geschichte(n) in ein neues Sein führt. Unter Umständen ist eine solche apokalyptische Auferstehungshoffnung, dass wir alle nämlich am Ende des Lebens und der Welt zusammen mit den uns Entschlafenen mit Pauken und Trompeten die Parusie erleben, tröstender und vermittelt mehr Gewissheit als die zaghaften Versuche, die leibliche Auferstehung Jesu Christi in das individuelle Leben der Glaubenden hineinzudenken.

Vorschläge zur Liturgie

Worte vor dem Anzünden des Osterfeuers:
Wir stehen in der Dunkelheit und leben im Ungewissen. Wer weiß, was jede einzelne von uns persönlich beschäftigt. Welche Fragen auf den Nägeln brennen, was dich und mich belastet, weil es ungeklärt ist, aufgeschoben wird und keine erkennbaren Konturen bekommt. Wir wissen nicht, wie es den Menschen an anderen Orten geht. Welche Ängste sie umtreiben in Krankenhäusern und Hospizen, in Krisen- und Kriegsgebieten. Wir wünschen allen, die in Ungewissheit leben, wärmendes Licht in einer Nacht voller Ungewissheiten. So begehen wir die Nacht der Auferweckung Jesu Christi: Wir hören auf Gottes Wort, trösten einander und spenden uns Licht. So verkünden wir den Sieg Christi über den Tod. Und wir hoffen, am Ende unserer Tage durch ihn zu *ewigem* Leben auferweckt zu werden. – Ich lese zwei Verse aus dem ältesten Zeugnis der Christenheit.

Lesung: 1 Thess 4,13–14

Jetzt wird das Osterfeuer angezündet.
Viel Zeit lassen, damit nur das Feuer wirkt.

Worte zum Entzünden der Osterkerze:
Vieles liegt im Ungewissen. Vieles wird ungewiss bleiben. Eines ist gewiss: Damit sind wir nicht allein. Gott ist mitten unter uns. So wie der Schein des wärmenden Feuers und das flackernde Licht der Kerze, die gleich das Dunkel der Kirche mildert. Lasst uns dieses Licht schützen und nutzen als Zeichen des Lebens. Es geht uns voran, orientiert Blicke und Schritte und schenkt Gewissheit der Nähe Gottes.

Einzug der Osterkerze in die Kirche:
Am Eingang nicht entzündete, kleine Osterkerzen austeilen mit Trostworten aus 1 Thess 4,13–18 in Form von schmalen Papier-Banderolen am unteren Ende der Kerzen:

»Wir bleiben nicht im Ungewissen über die, die da schlafen.«
»Wir sind nicht traurig, sondern haben Hoffnung.«
»Wir glauben, dass Jesus gestorben und auferstanden ist.«

»Gott wird auch die, die da entschlafen sind, durch Jesus mit ihm führen.«

»Gott wird herabkommen vom Himmel, und die Toten werden in Christus auferstehen.«

»Wir, die wir leben, werden mit unseren Entschlafenen entrückt werden auf den Wolken.«

»Wir werden beim Herrn sein allezeit.«

Abstellen der Osterkerze im Altarraum:

Vier bis sechs ›Entschlafene‹ liegen im Altarraum auf Yoga-Matten, bedeckt mit einem weißen Laken und mit roten Grablichtern am Kopf- oder Fußende. Jeweils nach einer Posaunen-Fanfare (die ersten sechs Töne aus EG 99) steht eine Person auf, faltet ihr Laken zusammen, löscht das Grablicht und liest vom Pult aus eine der hier vorgeschlagenen, zum Teil stark gekürzten Lesungen zur Osternacht. Auf die Lesungen bezogene kleine Gebete können sich anschließen. Die Person tritt zur Seite. Stille. Dann erneut die Fanfare etc. Die Liturgie lässt sich um andere Elemente (Exultet, gesungenes Evangelium etc.) erweitern.

Lesungsvorschläge:
Jes 25,7–9 (beginnend mit »Und der HERR Zebaoth« aus Vers 6)
Jes 54,7–10
Jes 55,1–3a
Hes 36,26–28
Hes 37,12–14 (ab: »So spricht Gott der HERR«)
Mi 4,1.3b-5
Röm 6,7–9

Die letzte Lesung ist in jedem Falle 1 Thess 4,13–18.

Jetzt wird das Licht von den »Auferweckten« in die Reihen getragen – ggf. mit mehrfach angestimmtem Ostergruß.

Kerzenmeditation (siehe unten)

Lied: EG 66 Christ ist erstanden (mit Orgel)

Fürbitten, Vaterunser, Segen, Orgelnachspiel,
Zusammensein bei Wein, Saft und Osterbrot

Vorschlag Kerzenmeditation

Möglicher Anfang

Ein kleiner Holzscheit hat die Osterkerze entzündet, die uns vorausgegangen ist. Aus dem lodernden, prasselnden Feuer auf dem Vorplatz, ungestüm und wild nach allen Seiten züngelnd, hat sich die eine Flamme gelöst.

In dunkler Nacht ist sie uns vorausgegangen, hat uns den Weg gewiesen im dunklen Raum dieser Kirche, hat uns begleitet im sonderbaren Erleben dieser sonderbaren Nacht.

Nun sind aus der einen Flamme viele geworden. Das Licht verzehrt sich, sonst wäre es nicht lebendig, doch breitet es sich aus: Vom Altar in die Reihen, von Mensch zu Mensch, hinaus in die Welt, von Herz zu Herz, von Hand zu Hand, von Mund zu Mund: »Der HERR ist auferstanden. Halleluja. – Er ist wahrhaftig auferstanden. Halleluja.« Gott sei Dank!

Das Kerzenlicht, das ich in den Händen halte, ist mir voraus. Ich halte es *vor* mir. Die kleine Flamme ist dem Christuslicht vorne im Altarraum näher, als ich selbst es bin. Das ist gut so, und es beruhigt. So weiß ich, wo es hingeht: immer dem Licht nach – auf Christus zu. Ich lebe wie er, bin Schwester und Bruder, und ich werde leben wie er, Gemeinschaft erfahren und Einsamkeit, Zeiten der Stärke und der Schwäche, unbändige Freude und tiefes Leid, werde mich verzehren wie er, sterben wie er, bin ein Mensch wie er. Und Gott führt mich mit ihm und zu ihm – und ihn zu mir.

Das Licht in meiner Hand weist mir den Weg. Und es erinnert mich an die, die mir vorausgegangen sind. Gerade so, wie mir das Licht diese eine kurze Strecke voraus ist. Hin zum auferstandenen Christus. Hin zu dem, der von dort auf uns zukommen wird. Ich musste Abschied nehmen, Menschen sind vor mir gestorben, mir nahe und vertraute Menschen. Sie fehlen: Vater, Mutter, Schwester, Bruder, Sohn oder Tochter, Partnerin, Freund und Gefährte. In Gottes Liebe, in Gottes Licht sind sie geborgen.

Zum weiteren Verlauf

Das Licht erinnert an ... (Hier können z. B. Namen von Verstorbenen in der Gemeinde genannt werden.)

Das Licht in meiner Hand brennt auch für alle, die in dieser Nacht in den Tod hinübergehen. Kranke, Verletzte, Sterbende in unseren Kliniken und Häusern. Es brennt für die Kämpfenden in den Schützengräben und Tunneln, dem Tod geweiht in Krieg und Krisen, zu Land, in der Luft und auf dem Meer.

Es brennt für ... (Hier können aktuelle Kriegsschauplätze genannt werden, oder Orte/Länder, für die eine Kirchengemeinde sich besonders engagiert.)

(Auch ist es denkbar, im Mittelteil Worte aus 1 Thess 4,13–18 meditativ zu bedenken. Die ersten Abschnitte dieser Predigtmeditation laden dazu ein.)

Möglicher Schluss

So viel Tod. So viel Leid. So viel Trauer. Doch niemand der Vorausgegangenen ist vergessen. Ihnen allen leuchtet das Osterlicht. Weder Leistung noch Religion, weder Geld noch Gut, nicht Fürsprache und Gedenken durch andere noch die eigene Frömmigkeit führt uns ins Licht. Sondern das Licht führt uns. Es ist da, und wir *werden* geführt. Gott selbst geht mit uns durch seinen Sohn. Taucht ein in das Licht. Geht euren Gedanken nach. Horcht in die Stille.

(Stille)

Posaunenfanfare (wie oben)

Wendet euch einander zu, und tröstet einander mit den Worten, die ihr an euren Kerzen findet.

(Einander die Trostsätze zusprechen.)

Posaunenfanfare (wie oben)

(Hier kann in eigenen Worten ausgeführt werden, dass diese Nacht nicht »logisch« ist, vielmehr ›magisch‹, wunderbar und seelsorglich. Sie ist nicht laut, sondern sie ist leise, und wir nähern uns in ihr behutsam Schritt für

Schritt dem Mirakel von Ostern. In dieser Nacht werden Traurige getröstet und Ängstliche bekommen neuen Mut. Nicht mehr und nicht weniger.)

Seit den frühen Jahren sind wir mit diesen Sätzen mit Paulus, Silvanus, Timotheus und allen Christenmenschen verbunden. Alte Worte mit Kraft über Tausende von Jahren hindurch. Wir müssen sie nicht selbst erfinden. Sie sind da. Und sie tragen. Nicht immer und jetzt gerade nicht jede und jeden. Doch wir tauchen in diesem Moment und mit diesen Worten ein in den Glauben der weltweiten Kirche Jesu Christi. Wir überwinden Zeiten und Räume, Zweifel und Anfechtung. Das Licht führt uns – aufeinander zu. Es ist da, und wir *werden* geführt. Gott selbst geht mit uns durch seinen Sohn. Taucht ein in das Licht. Und werdet licht. Amen.

Posaunenfanfare (wie oben)

Literatur:
Worthauspodcast 10.3.1 Der 1. Thessalonicherbrief, Prof. Dr. Stefan Schreiber, Tübingen, 10. Mai 2020
Traugott Holtz, Der erste Brief an die Thessalonicher; EKK Band XIII, Neukirchen 1986

Sylvia Winterberg

Erste Begegnung mit dem Text

Maria Magdalena ist neben Jesus als Auferstandenem die Hauptprotagonistin dieser Perikope. Eine Frau begegnet uns und gibt uns Einblick in ihre Rolle und die Lebensweise von Frauen in diesem frühen Stadium des Christentums. Maria Magdalena ist in modernen Interpretationen in Literatur, Filmen und Kunst als diejenige bekannt, die die emotionalste und innigste Beziehung zu Jesus hatte. Doch eine zweite Wahrnehmung kommt hinzu: Im Johannesevangelium begegnet uns bekanntermaßen eine besondere Form des Antijudaismus, der wirkungsgeschichtlich bedeutsam war. Vermittlungsschwierigkeiten in einer Zeit des Neu-Erstarkens des Antisemitismus in unseren Tagen zeichnen sich ab.

Eine Besonderheit der joh Passionsgeschichte fällt mir ins Auge: Jesus in der Rolle des Gärtners – ein Unikum in der biblischen Tradition. Dass Marias Gedanke, einen Gärtner zu sehen, ein Missverständnis ist, scheint mir angesichts des »theologischen Tiefsinns« (Frettlöh, 162) der joh Texte unwahrscheinlich, zumal Frauen allgemein im Joh als sehr selbstbestimmt und klug dargestellt werden.

Für uns ist die Frühlings- und Osterzeit eine, in der die Natur aus dem Winterschlaf erwacht und sich die von uns sehnsüchtig erwarteten frischen neuen Blüten und Blätter stark und positiv auf unser Wohlbefinden auswirken. Auch viele von uns gehen nun in Gärten oder Parks, um das zu genießen. Bilder des Kreuzes als Lebensbaum, Darstellungen in der Kunst entsprechen dieser Wahrnehmung.

In den Gemeinden finden wir zu Ostern vermehrt eine kleine Gemeinschaft vor, die genau dieses feiern will: Christus der Auferstandene, der uns die neue Schöpfung vor Augen führt und in ihr die Liebe Gottes zu uns, der Schöpfung. Mit dem Fest der Auferstehung erweitert sich der Blick auf die Welt jenseits des Todes und kann somit tröstend sein für die Bedrängnisse des Lebens auch in unserer Zeit. Dazu passt auch für uns heute die Rolle des Gärtners; und die Idee, diese in den Mittelpunkt zu stellen, begeistert mich.

Exegetische Skizze

Das Johannesevangelium gilt als jüngstes der Evangelien (zwischen 80 und 90 n. Chr.). Es gewährt Einblick in das Leben der Menschen in einer frühen Phase des Christentums in einem überwiegend jüdisch-christlichem Umfeld (vgl. Habermann, 527 ff., und Wengst, Johannesevangelium, 280 ff.) und in das vergessener Frauenrealitäten. Der Ort der Abfassung ist strittig, wird von Wengst recht schlüssig als die südlichen Teile des Königreichs Agrippa II. angegeben, wo das rabbinische Judentum eine relative Machtstellung in der eigenen Bevölkerung erreichte. (Wengst, Bedrohte, 80 ff.) »Denn davon handelt das Joh: von Angst und Bedrängnis und vom Umwandeln der Angst und der Zweifel in den kleinen Gemeinden ...« (Habermann, 527)
Vermutlich von einer Gruppe von VerfasserInnen wird von einer Situation der Bedrängnis erzählt, die aus der Zerstörung des Jerusalemer Tempels und unter dem Druck der römischen Besatzung entstand, die jeden Widerstand gegen die eigene Staatsform aufs Schärfste verfolgte. Um das Erbe zu bewahren, reagierte das rabbinische Judentum mit Abschottung nach außen und grenzte aus Angst vor Verfolgung alle aus, die »integrationsunwillig« erschienen – dabei u. a. diejenigen, die den auferstandenen Jesus als Messias anerkannten. Dies hatte für die Betroffenen soziale und wirtschaftliche Folgen, von wirtschaftlichen Boykottmaßnahmen bis zu sozialer Ächtung. Unter diesem Druck war die Folge für die christlichen Gemeinden, dass sich viele von der Bewegung abwandten – so dass Joh die Leser- und HörerInnenschaft zum Bleiben bewegen wollte. »Der joh. Antisemitismus ist noch nicht der spätere christliche Antisemitismus, der aus der Perspektive von außen und von oben das jüdische Volk für untauglich und schlecht erklärt.« (Habermann, 529)
Obwohl dies alles nicht explizit Thema der Perikope ist, wird die Geschichte doch transparent für die Situation der Gemeinden erzählt. (Wengst, Johannesevangelium)
Dies bedeutet für die Predigt, einerseits diese Situation deutlich zu

machen und andererseits jeden Antijudaismus zu vermeiden, denn es handelt sich hier ausschließlich um eine innerjüdische Konfliktsituation.

Die Rolle der Frauen im Joh ist eine besondere. Zum einen wird in einer nicht patriarchalen Sprache erzählt, zum anderen sind beide Geschlechter offenkundig gleichberechtigt, da auch freie Männer dienende Funktionen einnahmen und bei der Fußwaschung Sklavinnen und freien Frauen dienten.

Maria von Magdala wird durch ihren Herkunftsort, nicht durch die Zugehörigkeit zu einem Ehemann oder einer Familie gekennzeichnet und lebte auch innerhalb der joh Gemeinden ohne Angehörige. Ihre Beziehung zu Jesus wird als besonders eng beschrieben, von außerbiblischen Zeugen, wie im PhilippusEv 32, wird sie als Jesu »Gefährtin« bezeichnet.

Auch in der vorliegenden Perikope kommt ein besonders inniges Verhältnis zwischen beiden zu Ausdruck. Maria Magdalena ist außerdem mehrfach die Erste: sie entdeckt das leere Grab, sie begegnet als erste dem Auferstandenen und bekommt als erste den Auftrag, davon zu erzählen – wird also zur Apostelin.

Die kunstvolle Komposition der Texte wird auch darin deutlich, dass es mehr als einmal Repliken auf den biblischen Anfang, den Schöpfungsbericht gibt: Der Gang zum Grab »im Finstern« weist auf den Zustand der Welt zu Beginn der Schöpfung hin – dies wiederholt sich bei Joh des Öfteren, wie er z. B. im Prolog auf den Anfang und die Erschaffung des Lichts verweist. So liegt auch in Marias Begegnung am frühen Morgen mit dem Auferstandenen als Gärtner »eine verborgene Einsicht in das paradiesische Gärtneramt Christi« (Frettlöh, 162) und weckt damit Zweifel an der Deutung als Missverständnis. Die zweimalige Wendung Marias bezeichnet einmal eine Wendung im Raum und dann eine innere Wendung – eine Erkenntnisbewegung, als sie ihn ihren Namen sagen hört. Auch hier wieder eine Replik auf das Bild Jesu als Hirte, den die Seinen an der Stimme erkennen. Doch als sie mit einer Umarmung die frühere Beziehung wieder aufnehmen will, weicht er zurück und zeigt damit, dass er nun einer anderen als der irdischen Welt angehört. Damit wird auch den Zuhörenden bedeutet, dass sie ebenso wie Maria den irdischen Jesus loslassen müssen. Er erteilt ihr den Auftrag, zu seinen »Brüdern« zu gehen und ihnen die Neuigkeit zu verkünden – hier zum ersten Mal mit dieser Anrede, zum Zeichen ihrer Teilhabe an seinem eigenen engen Verhältnis zu »meinem und eurem Gott« – ein weiterer Hinweis, dass sie nun die Aufgabe haben, in seinem Sinne weiter zu wirken.

Auch im joh Bild des Auferstandenen als Gärtner liegt ein Rekurs auf Gott als Gärtner des Gartens Eden in Gen 2–3. Dieses Motiv wird in der Alten Kirche mit dem Kreuz als »Lebensbaum« aufgenommen und Thomas von Aquin wendet sich als erstes diesem Thema zu. (Frettlöh, 171) Auch in der bildenden und darstellenden Kunst findet das Thema breite Resonanz. Die Gartentypologie begegnet bei Joh des Öfteren: Die joh Passionsgeschichte beginnt damit in Joh 18,1 und alle entscheidenden Stationen finden dort statt, wohin die Jesusgemeinschaft sich zur Erholung zurückgezogen hat. Damit wird eine Umkehrbewegung gegenüber der Geschichte des Gartens Eden geschaffen: Beginnt diese in der vollendeten Harmonie und endet in der Vertreibung des Menschen, so beginnt die joh Gartengeschichte mit dem Ort der tiefsten Trauer und des Verrats und endet als Ort des neuen Lebens, einer veränderten Beziehung zu Gott und dem neuen Anteil, der den Menschen durch den Auferstandenen daran zukommen soll. (Frettlöh, 162 ff.)

Äquivalent zur Transparenz des joh Textes werde ich versuchen, die aktuelle Situation der heutigen Menschen in der Predigt durchscheinen zu lassen. Dies werde ich durch eine narrative Rahmenerzählung tun, in der auch der nicht in der Perikope enthaltene Rest der Geschichte Joh 18,1–10 kurz skizziert wird. Als Text wähle ich die Übersetzung der BigS, wegen ihrer gendergerechten Sprache und der großen Nähe zum ursprünglichen Text.

Weg zur Predigt

Die Beauftragung von Maria Magdalena als Apostelin und die Begegnung mit dem Auferstandenen als Gärtner, der als Bewahrer der neuen Schöpfung in einem himmlischen Garten Eden auch auf uns wartet und uns Ruhe und Frieden auch schon jetzt verheißt, stehen im Mittelpunkt. Dies kann uns ermutigen, in der christlichen Gemeinschaft zu bleiben und sie als stärkend und schützend zu erleben.

Predigtthema

Jesus als Gärtner eröffnet uns erneut die Teilhabe an der neuen Schöpfung im neuen Garten Eden – hier auf Erden.

Vorschläge zur Liturgie

Votum

Wir feiern diesen Gottesdienst in deinem Namen, Gott,
am Anfang sprachst du: es werde Licht – und es wurde Licht,
mit deinem Sohn rufst du uns immer wieder neu und auch heute ins Leben,
deine Geistkraft trägt neuen Mut zum Leben in unser Herz.
Du warst, du bist, du kommst. Amen.

Eingangsgebet

Ein Wunder ist es, Gott, und schwer zu begreifen:
dein Sohn wurde nicht vom Tod überwunden.
Er ist lebendig, ist bei dir und auch unter uns.
Er lebt in der Liebe, die wir teilen und leben.
Ich wünsche mir und bitte dich, Gott,
lass dieses Wunder stark bleiben zwischen uns Menschen,
lass es weiterhin Hass, Gewalt und Tod überwinden.
Lass uns begreifen, dass auch wir auf diese Weise lebendig bleiben,
über den Tod hinaus.
Lass uns in diesem Wissen die Welt erneuern und verändern
und Widerstand leisten gegen die lebensfeindlichen Mächte in dieser Welt.
Lass uns auch heute schon den Duft,
die Klänge und die grünende Frische
deines himmlischen Gartens erleben.
Amen.

Psalm: Diesen Tag hat Gott gemacht (Psalm 118,24)
Alle: Diesen Tag hat Gott gemacht, wir freuen uns und sind fröhlich.

1. Gruppe: Schöne und fröhliche Lieder stimmen wir an und das lustige Gebimmel der Glocken gibt uns den Rhythmus. Gemeinsam singen wir für dich, Gott, denn du schenkst uns das Leben.
Alle: Diesen Tag hat Gott gemacht, wir freuen uns und sind fröhlich.

2. Gruppe: Die Bäume und Blumen blühen in leuchtenden Farben, beginnen neu zu leben. Die Wiesen ziehen ein neues Kleid an, überall weckt neues Grün unsere Lebensfreude. Und wir freuen uns über dich, Gott, denn du schenkst uns das Leben.
Alle: Diesen Tag hat Gott gemacht, wir freuen uns und sind fröhlich.

1. Gruppe: Es wird wieder hell in der Welt, die Sonne wärmt mit ihren Strahlen und erweckt alles zu neuem Leben. Ein Licht geht aus von Ostern, das Licht der Liebe Gottes, denn du schenkst uns das Leben.
Alle: Diesen Tag hat Gott gemacht, wir freuen uns und sind fröhlich.

2. Gruppe: Munter sprudeln die Bächlein und Quellen, der Morgentau funkelt in der Sonne. Wir können aufatmen, spüren dankbar, wie gut du es mit uns meinst.
Alle: Diesen Tag hat Gott gemacht, wir freuen uns und sind fröhlich, denn Christus ist auferstanden, er ist wahrhaftig auferstanden!
Klaus Bastian, in: Der Gottesdienst. Liturgie in gerechter Sprache, E. Domay (Hg.), Bd. 3: Die Psalmen

Eingangswort: Auferstehung von Marie Luise Kaschnitz
https://www.deutschelyrik.de/auferstehung.html (zuletzt abgerufen am 17.7.2024)

Credo
Ich glaube an Gott, die Kraft, die uns wie am ersten Schöpfungstag ins Leben ruft.
Und an Jesus Christus, das Gotteskind, von Maria zur Welt gebracht. Das gottbegabte Menschenkind hat mit Brüdern und Schwestern gelebt, sie geheilt und aufgerichtet, doch gelitten unter den Menschen, die an das Gesetz des Todes glaubten. Ist hineingegangen in die Mitte des Todes, wurde von Menschen in ein Grab getragen, von Gott neu ins Leben gerufen. Er sitzt an der Seite der Ohnmächtigen, denen Gott Macht verleiht. Von dort kommt die Botschaft zum Leben an die

Lebenden und die Toten. Ich glaube, dass Gottes Geist lebendig macht, zur Liebe befähigt, zur Vergebung ruft, zur Wachsamkeit drängt und zum Leben auffordert ewig. Amen.

Der Gottesdienst. Liturgie, a. a. O., Bd. 1

Fürbitten

Die Vorstellung gefällt mir, Gott, dass dein Sohn, Jesus Christus, bei dir im himmlischen Garten gräbt und pflanzt, so wie ich es in meinem Garten tue, um es schön zu machen für uns, wenn wir zu ihm kommen.

Es gefällt mir, mir vorzustellen, dass in meinem Graben und Mühen ein wenig davon sichtbar wird in unserem Hier und Jetzt. Als wäre die Gegenwart durchscheinend und wir könnten ihn und damit dich sehen und spüren.

So fühle ich deine Liebe im Duft der Rosen, Erdbeeren und Kräuter, ich kann sie hören im Gesang der Amsel und im Gesumm der Bienen, kann sie schmecken und sehen, wenn ich ernte aus meinem Garten, als wäre es deiner.

Ich möchte dir danken, Gott, dass ich damit teilhaben kann an den Wundern, die du uns schenkst, und für jedes gute Wort, das mich erreicht, für jede Freundlichkeit, die mir gelingt

Wir bitten dich,
lass die Sorgen in diesen Tagen ein wenig verblassen. Lass uns empfänglicher werden für die Freuden im Alltag, für ausgelassene Kinder, unbekümmerte Jugendliche und heitere alte Menschen, dir, dem Grund aller Freude, sagen wir:
Alle: Wir danken dir, dass du diesen Tag gemacht hast, Gott, wir freuen uns und sind fröhlich, denn Christus ist auferstanden, er ist wahrhaftig auferstanden!

Lass die Freude nicht so schnell wieder verschüttet werden: dass der Lebensgarten bunt und fröhlich ist – auch für Kranke und Traurige, dass sie wieder Freude finden; auch für Belastete und von Sorgen Geplagte, dass sie empfindsam werden für die guten Augenblicke ihres Lebens. Dir, dem Grund aller Freude, sagen wir:
Alle: Wir danken dir, dass du diesen Tag gemacht hast, Gott, wir freuen uns und sind fröhlich, denn Christus ist auferstanden, er ist wahrhaftig auferstanden!

Lass alle, die in Spannungen leben: Junge und Alte, Eltern und Kinder, Frauen und Männer, Lernende und Lehrende, offen aufeinander zugehen und sich freundlich begegnen, dass sie gemeinsam fröhlich sein können. Dir, dem Grund aller Freude, sagen wir:
Alle:
Unsere Freude ist deine Freude, denn du hast uns zu einem Leben geschaffen, das Freude macht. Wir danken dir.

Einsetzungsworte: neu formuliert ohne Erwähnung der Sühnopfertheologie

Während des letzten gemeinsamen Mahles nahm Jesus Brot, dankte, brach's, gab es den Seinen und sprach: Nehmt und esst Brot des Lebens. Das bin ich für euch. Tut dies zu meinem Gedächtnis. Nach dem Mahl nahm er den Kelch mit Wein, sprach das Dankgebet, gab ihnen den und sie tranken alle daraus. Und er sprach: Das ist der Kelch des Neuen Bundes. Ich werde von der Frucht des Weinstocks nicht mehr trinken bis zu dem Tag, an dem ich es neu mit euch trinken werde im Reich Gottes. So oft ihr davon trinkt, tut es zu meinem Gedächtnis.
Amen.
Nach Klaus-Peter Jörns, Lebensgaben Gottes feiern. Abschied vom Sühnopfermahl: eine neue Liturgie, Gütersloh 2007, 167

Segen
Geht hin wie die ersten Zeuginnen an diesem Ostermorgen, seht das leere Grab und wendet euch zum Licht. Schöpft Mut und Hoffnung, trotzt entschieden allem Widerstreit. Vertraut auf den Segen, der in Gottes Liebe begründet ist. In dieser Kraft wollen wir nach Versöhnung und Gerechtigkeit suchen. Segne uns, Gott, und sei uns Licht auf dem Weg.
Gottesdienst, a.a.O., Bd.1

Lieder: EG 97 Holz auf Jesu Schulter; EG 455 Morgenlicht leuchtet; EG 503 Geh aus, mein Herz; EG (HN) 552 Einer ist unser Leben; EG (HN) 557 Ein Licht geht uns auf; EG (HN) 593 Licht, das in die Welt gekommen; EG (HN) 637 Alle Knospen springen auf
Singen für deine Gerechtigkeit (Das Gesangbuch in gerechter Sprache, E. Domay u.a. (Hg.), Gütersloh 2005): 25 Dunkelheit zerbricht; 30 Die

Zeit zu beginnen ist jetzt; 32 Manchmal feiern wir mitten am Tag; EG plus: 18 Stimme, die Stein zerbricht; 19 Wir stehen im Morgen; 116 Dieses Kreuz

Vorschlag zur Predigt

Möglicher Anfang

Ostern – das Erwachen der Natur – ein paar ruhige freie Tage – vielleicht haben Sie sich darauf gefreut in dieser letzten Zeit, haben Schönes vorbereitet für diese Tage. (Gerne hier Aktuelles einfügen)
Doch eigentlich kommen wir noch aus der Nachdenklichkeit, der Trauer und Stille der Passionszeit – aus dem Dunkel des Karfreitags. Vielleicht haben Sie noch die Berichte über Jesu Tod im Ohr oder sind auch selbst auf dem Friedhof gewesen und haben ihren Liebsten einen Besuch gemacht. Haben erste Frühlingsblumen hingebracht und in Erinnerungen geschwelgt. Ach damals ... vielleicht kennen sie solche Gedanken und Gefühle. Das Vergangene erscheint uns oft wie das verlorene Paradies.
Ich lade Sie ein, mit mir den Weg einer Frau dorthin zu verfolgen:

»Langsam ging sie den vertrauten Weg. Noch immer war die Luft kühl am frühen Morgen und Vögel zwitscherten in den Bäumen und Büschen. Eine friedliche Stimmung – fast ein bisschen paradiesisch. Sie nahm sie nur am Rande wahr, gefangen in Unruhe und Trauer. Bei jedem Schritt kamen die Bilder, wie sie diese Wege gemeinsam gegangen waren, hörte seine Stimme und spürte fast seine Berührung. Er war noch so nah – als müsste er hinter ihr sein, wenn sie sich umdrehte. Sie wollte ihm wieder wirklich nahe sein und dorthin gehen, wo er zuletzt gewesen war – zum Grab.
Doch dort war er nicht mehr. Sie war zuvor schon hier gewesen – noch früher im Dunkeln, als sie noch mehr darauf achten musste, nicht gesehen zu werden von den römischen Soldaten. Schlimmes war manchen geschehen, die nach der Hinrichtung ihre Lieben besuchen wollten. Trotzdem – sie musste dorthin, musste ihrem Liebsten, ihrem Meister ein letztes Gutes tun und seinen Leib salben. Aber der Stein war fort und das Grab leer! Namenlose Panik hatte sie erfasst und sie war zu den anderen zurückgelaufen. Auch sie hatten ihn nicht gefunden.

Wieder gingen ihre Gedanken zurück bei jedem Schritt. Es kam ihr vor wie gestern, dass sie in diesem Garten ausgeruht hatten, Geschehnisse Revue passieren ließen und seinen Worten lauschten. Wie hatte sie es geliebt, wenn er die Thora ausgelegt hatte – über die Ereignisse ganz am Anfang der Zeit, aus dem Garten Eden erzählt hatte. Fast war ihr dieser Garten so vorgekommen, als wäre er der Garten Eden. Doch nun war er der Ort des größten Verrats, seiner Verhaftung und Kreuzigung und der tiefsten Trauer ...

Lesung des Predigttextes Joh 20,11–18

Maria von Magdala, ein geachtetes Mitglied der Gruppen um Jesus und seine engste Vertraute trauert um ihn, wie ein Mensch nur trauern kann. Und hat in dieser Trauer eine Begegnung mit dem Gärtner dieses Gartens. Erst als er ihren Namen nennt, erkennt sie ihn als ihren Meister Jesus – als lebendigen Menschen! Unerhört und zutiefst verstörend muss ein solches Erlebnis gewesen sein. Erlöst und befreit will sie ihm um den Hals fallen, doch er zieht sich zurück. Und nun zeigt sich, dass sie Recht hatte: Er ist es und ist es nicht, fast, als wäre er schon in einer anderen Welt und vielleicht tatsächlich ein – Gärtner!

Nirgendwo sonst begegnet uns dieses Bild: Christus, der Auferstandene als Gärtner! Das vermittelt Joh, es ist der himmlische Garten, das Paradies, den der auferstandene Jesus pflegt und bereitet. »... ich gehe hin, euch die Stätte zu bereiten«, sagt er ein paar Kapitel zuvor. Maria Magdalena bekommt den Auftrag, dies seinen Brüdern und Schwestern zu berichten. Nun sind sie nicht mehr Lehrer und SchülerInnen, sondern Geschwister vor »meinem Gott und eurem Gott«. Sein inniges Verhältnis zu Gott soll sich auf sie alle übertragen, damit sie weitermachen können in seinem Sinn und Namen.

Für die frühen christlichen Gemeinden war diese Botschaft zutiefst befreiend. Zur Zeit des Johannes lebten sie in ständiger Angst, nicht nur vor der römischen Besatzung, wie schon viele Jahrzehnte. Weil ihr Glaube an Jesus Christus als den Messias vor den römischen Machthabern gefährlich werden konnte, erlebten sie Anfeindungen und soziale Ausgrenzung – bis in die eigene Familie hinein. Deswegen waren schon einige aus der christlichen Gemeinschaft wieder ausgeschieden, aus Angst, schließlich mittellos dazustehen. Und nun hörten sie, dass nicht alles verloren war: Der Auferstandene war als ihr Bruder bei Gott und bereitete ihnen die Stätte. Sie sollten wieder einziehen in das verlorene Paradies und zu einem neuen Leben auferstehen. Dies allein war Grund genug für sie, weiterzumachen, zu ihrem Glauben und ihrer besonderen Art zu leben zu stehen – so zu leben, als sei schon Wirklichkeit, was sie sich erträumten. Frauen und Männer waren gleichberechtigt – alle dienten einander und teilten alles, was sie hatten; kümmerten sich um Kranke und Schwache – ganz wie es Jesus auch getan hatte. Sie gaben einander Obdach und Brot und halfen sich gegenseitig, mit der Bedrohung umzugehen.

Zum weiteren Verlauf

Auch in unserer Welt erleben wir Angst und Bedrohung – vielleicht immer mehr – (Transparenz zu unserer Lebenswirklichkeit). Einige fürchten um ihre Existenz oder darum, ihren Lebensstandard drastisch reduzieren zu müssen, einige sind gesundheitlich in einer schwierigen Lage. Viele von uns fürchten um den Erhalt unserer Demokratie und sehen immer mehr Anfeindung von rechtsextremistischer Seite, und wir alle sind bedroht durch den immer stärker spürbaren Klimawandel – auch in unseren Gärten. Menschenverachtende Kriege bedrohen den Weltfrieden, Männer, Frauen und Kinder sterben oder erleiden Hunger und Gewalt.

Der Blick zurück erscheint vielen nicht selten wie das verlorene Paradies. Hier nicht in Panik zu verfallen ist gar nicht so einfach, und manchmal hilft nur Nachrichten-Fasten. Der Rückzug ins Private, in den eigenen kleinen Bereich oder auch in eine Schrebergarten-Idylle sind oftmals die Folge.

Gleichzeitig kann diese Zeit auch zeigen, dass der Zusammenschluss mit anderen Gleichgesinnten guttut, weil er Hoffnung gibt und uns handlungsfähig macht, obwohl wir als Einzelne die Probleme nicht lösen können. Hier denke ich an Gruppierungen wie Fridays for Future, Omas/Opas gegen Rechts u. v. m. Dazu gibt es sicher noch andere aktuellere Beispiele, vielleicht aus dem näheren Umfeld.

Möglicher Schluss

Die Aussicht, aus einer bedrohten Welt wieder zurückzukehren in eine heile Welt, ein neues Leben im Garten Eden, Ruhe, Geborgenheit, und allezeit Fülle zu haben nach dem leiblichen Tod, das war für die ersten ChristInnen Grund genug, weiterzumachen, die Botschaft von Jesus dem Christus weiterzuerzählen und ihren Traum immer wieder aufscheinen zu lassen im Hier und Jetzt – in ihrem Leben. Auch gerade Frauen hatten daran einen großen Anteil, weil vor allem ihre Rolle in der geschwisterlichen Gemeinschaft neu und für ihre Umwelt besonders war.

Wie ist das für uns – was brauchen wir für uns, für unseren Glauben? Was hält uns bei der Stange, wenn wir aufgeben wollen? Sehen wir in unserer Gemeinschaft noch das künftige himmlische Paradies aufleuchten?

Ich glaube, eines ist auf jeden Fall stärkend und ermutigend auch für uns in unseren Bedrängnissen: eine Gemeinschaft, in der wir uns aufgehoben und verstanden fühlen. Für Viele ist das immer mehr die Familie, doch angesichts der globaleren Bedrohungen gibt es auch immer mehr andere Interessensgemeinschaften, die uns Sicherheit geben und in Aussicht stellen, dass es wieder besser wird – hin zu einer lebenswerteren Zukunft, die uns Hoffnung schöpfen lässt. Das kann durchaus auch in Chatgruppen ganz positiv der Fall sein.

Vielleicht gehen Sie auch dieser Tage wieder in einen, Ihren Garten und beginnen, den Winter wegzuräumen, damit das neue Grün, die neuen Blüten und schließlich nahrhafte Früchte wachsen und reifen können. Sie erleben dabei Rückschläge und mühen sich noch mehr, weil sie einem inneren Bild folgen, wie denn ›Ihr‹ Garten Eden aussehen soll – gegen die hässliche Realität der Welt. Und fühlen sich oft genug überfordert – alles tut weh und doch wird es nicht so, wie gewollt. Was, wenn es diesen himmlischen Garten wirklich gäbe und dort der Auferstandene und eine neue wunderschöne Schöpfung auf uns warten würde? Könnten wir dann nicht das, was uns misslingt in unserem Garten und in unserem Leben, viel gelassener hinnehmen und andererseits das genießen, was uns glückt – als kleinen Ausblick auf das, was kommt und auf uns wartet?

Gestaltungsidee

Zahlreiche Darstellungen der biblischen Kunst mit dem Thema »Christus als Gärtner« bieten sich an für eine Bildbetrachtung. Etwa: Meister von Schöppingen, Halderner Altar (um 1443), Hans Baldung Grien, Christus als Gärtner (1539), Claude Lorraine, Le Christ apparait a la Madeleine (1681). (Frettlöh, 175 ff.)

Symbole, Aktionen

Für einen Familien- oder Kindergottesdienst: Gestaltung eines Ostergartens oder eines Kreuzes als »Lebenskreuz«. Ein zuvor von kundigen Menschen aus der Gemeinde angefertigtes Holzkreuz wird mit feinmaschigem Draht umwickelt und von den GottesdienstbesucherInnen mit bereitgestellten/mitgebrachten Blumen besteckt.

Kontexte und Tipps zum Text

Darum: ›Mensch, ärgere dich nicht (vgl. Mt 11,6), sei GärtnerIn!‹ GärtnerInnen sind paradiesische Menschen, schon heute. Indem sie – kniend, hockend oder sich bückend – der ›Adamah‹ dienen, stehen sie aufrecht vor Gott.
Magdalene F Frettlöh, 202 f.

Literatur:
Magdalene F. Frettlöh, Christus als Gärtner«, in: J. Ebach (Hg.), Schau an der schönen Gärten Zier‹, Gütersloh 2007
Ruth Habermann, Das Evangelium nach Johannes, in: L. Schottroff u. a. (Hg.), Kompendium feministischer Bibelauslegung, Gütersloh ²1998
Klaus Wengst, Bedrohte Gemeinde und verherrlichter Christus, Neukirchen-Vluyn, 1981
Klaus Wengst, Das Johannesevangelium. Teilband 2: Kap 11–21, Stuttgart 1993/27

Vera-Sabine Winkler

Erste Begegnung mit dem Text

(alle Zitationen nach BigS, 2011)

Steht das Wort *Freudenmahl* wirklich nicht in der vorgegebenen Perikope? Habe ich die redaktionelle Überschrift in der Lutherbibel so verinnerlicht, dass mir mein Gedächtnis einen Streich spielt? Und was unterscheidet eigentlich ein *Freudenmahl* von einem *Festmahl*? Was ein *Gastmahl* von einem *Mahl*? Was ein *Mahl* von einem *Gelage*? So unterschiedlich auch die Übersetzungen des hebräischen Wortes מִשְׁתֵּה sind – gemeinsam ist ihnen, dass sie die Fülle kennzeichnen wollen, zu der G"tt die Völker auf dem Zion einlädt. Es ist eine Fülle, die Leib und Seele gleichermaßen nährt. Denn neben fetten Speisen und altem Wein (Vers 6) wird den Eingeladenen auch die Befreiung von allem Trennenden sowie die Überwindung von Trauer und Tod zugesagt.

Die Zuordnung dieser Verheißung zum Ostermontag rückt die Vision des Jesaja in die Nähe der Visionen Jesu und der ihn umgebenden Nachfolgegemeinschaft: Was dem Propheten aus dem Ersten Testament der Zion ist, ist den Jüngerinnen und Jüngern Jesu im Zweiten Testament der Auferstehungsmorgen: Hier wie dort wird eine Zeitenwende verortet, die neues Leben schenkt. Hier wie dort wird von der Zukunft her Gegenwart gestaltet: durch eine Theopoesie der Befreiung, die Leid und Verzweiflung transzendiert. Und jeden Augenblick des Lebens als Einladung zur Teilhabe an G"tt und der aus G"tt hervorgehenden Fülle qualifiziert, die Frieden schenkt und Frieden wirkt.

Und doch bleibt ernst zu nehmen: Jesus wusste zwar von Jesaja und ist als Sproß dieser prophetisch-poetisch wirkenden Familie bezeichnet worden. Aber Jesaja wusste nichts von Jesus, auch wenn seine messianischen Hoffnungsbilder (Jes 9 und 11) später auf den Mann aus

Nazareth bezogen worden sind. Deshalb gilt es, bei aller inhaltlichen Nähe auf die historische und religiöse Differenz beider Traditionen zu achten. Und zugleich zu fragen, ob es nicht im Duktus der Vision des Jesaja liegen könnte, dass diese Differenzen überschritten und auf das dahinter liegende Ganze bezogen werden. So dass G"tt eine Chance erhält, auch den Schleier (Vers 7) von allein in die eigene Wahrheit verliebten Theologien und Religionen zu nehmen.

Von daher könnte Jes 25, 6–9 sogar als poetologische Theopoesie bezeichnet werden. Also als ein Text, durch den sich bereits vollzieht, was er sagt. Zumindest dann, wenn er am Ostermontag bedacht und entfaltet wird. Und eine christliche Predigerin mangels genauer Erinnerung auf die Idee kommt, dass es sich bei dem hier geschilderten משתה um ein Freudenmahl handeln könnte – bei dem im gemeinsamen Essen und Trinken unterschiedlichster Menschen ein Stück himmlischer Friede erfahrbar wird.

Exegetische Skizze

Jes 25,6–9 bewegt sich von der Zukunft auf die Gegenwart zu. In nur vier Versen wird beschrieben, was geschieht, wenn Menschen ihr Leben von der Vision eines friedlichen Miteinanders der Völker her gestalten: Sie hoffen und vertrauen auf eine:n G"tt, die und der alle befreit. Sie erleben, »dass Zukunft mit neuem Denken beginnt (...) und das Lösen eines Problems durch perspektivischen Wechsel« (Horx, 2020, 179) anfängt.

Der Auftakt zu diesem Perspektivwechsel wird in V.6 als ein *Gastmahl* beschrieben, zu dem ›Gott‹ der Heere (...) alle Völker auf diesem Berg einlädt. V.7 schildert, was während diesem *Gastmahl* geschieht: Gott wird den sichtbaren Schleier vernichten (...), der über den Völkern liegt. Und V.8 folgert, dass Gott (...) den Tod dauerhaft vernichtet hat und die Tränen von allen Gesichtern abwischen und die Schmach (...) von der ganzen Erde wegnehmen wird. So dass in V.9 die Leute sagen: (...) dies ist unsere Gottheit. Wir hoffen, dass sie uns befreit.

Vor historischem Hintergrund können diese Verse als Aitiologie verstanden werden, mit der Jesaja seinen Zeitgenoss:innen zu erklären sucht, warum Jerusalem – anders als viele andere Städte in Juda – 701 v. Chr. der Zerstörung durch Sanherib entging, da seine Heere die Belagerung der Stadt abbrachen. Theologisch betrachtet können sie als eine präsentische Eschatologie in nuce interpretiert werden. Der dabei und daraus entstehende Überschwang lässt die redaktionelle Überschrift in der Lutherbibel von *Freudenmahl* reden. Zugleich übersetzen Luther wie die Bibel in Gerechter Sprache משתה im Fließtext als *Gastmahl*, um deutlich zu machen, dass G"tt es ist, von der und dem dieser befreiende Überschwang für Leib und Seele ausgeht.

Was zunächst ein ganz normales Mahl mit fetten Speisen und altem Wein (V. 6) zu sein scheint, entwickelt sich zum mystischen Szenario – bei dem von allen anwesenden Völkern der sichtbare Schleier (V. 7) genommen wird. Doch was ist mit dieser Metapher gemeint, die dem dauerhaften Vernichten (V. 8) des Todes vorausgeht? Ich assoziiere durch den von Jesaja erwähnten sichtbaren Schleier biblische Erfahrungen größtmöglicher G"ttnähe, bei denen G"tt dennoch dem menschlichen Erkennen verborgen bleibt (Mose auf dem Berg Sinai, Ex 19,9 ff.; Paulus in 1 Kor 13,12: Wir sehen vorläufig nur ein rätselhaftes Spiegelbild, dann aber von Angesicht zu Angesicht). Dieses letzte Verborgensein des göttlichen Geheimnisses wird hier von G"tt her überwunden: Denn alle versammelten Völkern können in überirdisch anmutender Klarheit G"tt als »Eine:n für alle« erkennen, die und der Frieden stiftet und Frieden will. Und ihnen zumutet, »Brücken des Vertrauens (zu) schlagen« (Kuschel, 2011, 13 ff.).

Weg zur Predigt

In den wenigen Versen der Perikope sind zentrale theologische Themen ineinander verwoben: Pessach und Abendmahl, Völkerwallfahrt zum Zion (Micha 4,1–4; Jes 2,2 ff.), The*phanie und präsentische Eschatologie. Durch die Verortung von Jes 25,6–9 am Ostermontag legt sich für mich die Thematisierung des in all diesen Traditionen verheißenen Friedens nahe: als umfassenden Shalom, wie nur G"tt ihn schenken kann, und als auf den Ostermärschen eingeforderten Frieden, der aus der Bereitschaft der Völker zu Verständigung und Versöhnung erwächst. Beides konkretisiert sich zum Beispiel lokal wie global in den Frauen-Friedens-Tische. Sie werden seit 2015 von »Friedens-Frauen Weltweit« gefördert. Derzeit kommen weltweit Frauen an über 30 Friedenstischen zusammen und diskutieren über ihre Rolle in Konflikten und in der Friedensarbeit. (https://1000peacewomen.org/de).

Das bringt mich auf die Idee, in der Predigt von einem Friedenstisch zu erzählen: Dort, wo vor kurzem noch Frauen, Männer und Kinder um ihr Leben fürchten mussten, wird ein Freudenmahl gefeiert. Als Dank für erfahrene Rettung und als Stärkung für den langen Weg zu einem friedlichen Miteinander von Flüchtlingen und Einheimischen, von verfeindeten Menschen und Völkern. Der von Jesaja 25,6–9 vollzogene Perspektivwechsel – weg von der Klage über den Krieg, hin zur Freude über den Frieden – kann von daher zum Auftakt eines neuen Selbstverständnisses werden, durch das die Anwesenden die Bedeutsamkeit ihres eigenen Hoffens und Handelns erfahren. Und gestärkt an die Bewältigung unablässig anbrandender Schreckensnachrichten gehen können, die gegenwärtig sehr viele Menschen belasten und lähmen.

So gesehen ist Jes 25,6–9 ein immens bedeutsamer Text, dem auch sein Verbleiben in der zweiten Reihe der Osterfesttage nichts von seiner Bedeutsamkeit und Brisanz nehmen kann. Wer sich von liturgisch-homiletischen Vorgaben lösen kann und möchte, könnte diesen Text durchaus auch am Ostersonntag einsetzen, um deutlich zu machen: Die Auferstehung Jesu und der Aufstand für den Frieden (in Nahost, in der Ukraine und weltweit) gehören zusammen. Und wo immer G"tt Menschen unterschiedlichster ethnischer, kultureller und religiöser Herkunft an einen Tisch einlädt, beginnt der von G"tt geschenkte und geforderte Frieden lebendig zu werden.

Predigtthema

Am Tisch des Friedens (versammelt G"tt die Völker)

Vorschläge zur Liturgie

Votum
gott
vereinigt die völker

jesus
versöhnt die völker

geistkraft
verbindet die völker

ruft sie
zum frieden

Gebet
deck uns
den tisch gott
immer und immer wieder lade
die völker zum fest

freude und vergebung
freiheit und verständnis
friede und versöhnung

lege du auf unsere teller
gieße du in unsere becher

auf dass wir verschont bleiben
wundersam und wunderbar enthoben
den gesetzen des grauens

deck uns
den tisch gott
immer und immer wieder lade
die völker zum fest

Meditation

Ich träume (...) von einer friedlichen Revolution, von einer Revolution der Zärtlichkeit, mein Traum davon, dass sich die Träume der Menschen vernetzen – diese Idee ist ja zum Teil in der Hippiebewegung aufgekommen. Man macht sich so gerne lustig über diese Bewegung, aber was gibt es denn Schöneres, als wenn Menschen sich an den Händen fassen und sagen: »Make love, not war«? Das ist doch wunderbar! Darüber gibt es nichts zu lachen. So sollte die Welt sein!
Konstantin Wecker, in: Käßmann/Wecker, 2022, 42

Fürbitte

heute noch
lass den frieden
von morgen beginnen

zart wie ein hauch
der über die erde streicht
und ihre wunden heilt

klar wie ein wort
das zu den völkern spricht
und ihre schritte lenkt

schön wie ein lied
das aus den menschen singt
und ihre seelen nährt

heute noch
lass den frieden
von morgen beginnen
und uns ein
freudenmahl feiern

allen kriegen
und kriegstreibern
zum trotz

Lieder: Durch Hohes und Tiefes(HuT) 170 Ein jeder braucht sein Brot, sein' Wein; HuT 356 Lass uns den Weg der Gerechtigkeit gehen; HuT 198 Der Himmel geht über allen auf; EG 433 Hevenu shalom alejchem; Befreit von Ängsten leben 7 auferstehn, auferstehn

Vorschlag zur Predigt

Möglicher Anfang

»Als sie zurückkommt, sind die Steine weggeräumt. Die beschädigten Fensterscheiben zugeklebt. Und alle verfügbaren Tische im Erdgeschoß des Hauses zusammengestellt. Der Leiter der Ermittlungen empfängt sie an der Tür: So etwas habe ich noch nie erlebt! Dass am Tatort eine Tafel aufgebaut wird. Er zeigt auf die Tücher über ihrem Arm: Sind das Tischdecken? Sie legt die Tücher ab: Ja! Weiße Tischdecken! Friedenstischdecken!
Gleich kommen ein paar Leute aus dem Dorf. Mit Käse und Brot und Wein. Wollen Sie bleiben? Und mit uns ein Zeichen setzen gegen Hetze und Hass?« (Winkler, 2023, 167/168)

Das Zeichen gegen Hetze und Hass, das in diesem Text beschrieben wird, ist ein Tisch des Friedens. Er wird genau dort aufgebaut, wo vorher Unbekannte versucht haben, ein von Flüchtlingen bewohntes Haus in Brand zu setzen. Aber statt in Furcht zu erstarren, decken Einheimische für die Fremden eine Tafel mit all dem, was ihnen und den anderen hilft, ihr Entsetzen zu überwinden. Wo vor kurzem Gewalt wütete, wird Gemeinschaft entfaltet! Und ich frage Sie und mich: Hätten auch wir den Mut, eine solche Tafel an einem Tatort aufzubauen? Lichter anzünden im Gedenken an Opfer, Blumen niederlegen – Ja! Aber dazu und darüber hinaus gemeinsam mit gefährdeten Menschen ausharren? Und über religiöse, kulturelle und ethnische Unterschiede hinweg kurz nach einer akuten Bedrohung zusammen an einem Tisch sitzen?

Wer an die grausamen Anschläge denkt, die auch in unserem Land verübt werden und nicht selten viele Menschen das Leben kosten, mag das für eine Utopie halten. Für einen schönen Traum, der sich nie und nimmer realisieren lässt. Wer aber die Vision des Propheten Jesaja aus

Jes 25,6–9 liest, dem wird spürbar, dass dieses friedliche Miteinander im Angesicht des Grauens mehr ist als ein Traum oder eine Utopie. Doch hören Sie selbst.

Textlesung Jes 25,6–9

Zum weiteren Verlauf

– Die Perikope sollte zunächst in ihrer oben geschilderten Struktur erklärt und betrachtet werden, um ein Gespür zu wecken für den in ihr geschilderten Perspektivwechsel, der dazu auffordert, die Gegenwart von der Zukunft her zu gestalten.

– Anhand von Beispielen aus dem gegenwärtigen Kontext der Zuhörer:innen kann gefragt werden, was es für jede:n bedeuten könnte, von der Verheißung eines g"ttgewirkten Friedens her zu leben und zu handeln.

– Sollte es vor Ort eine Zusammenarbeit mit Flüchtlingshilfen geben oder die Möglichkeit, den Dialog der Religionen, Kulturen und Völker in die pädagogische Arbeit mit aufzunehmen, können dafür Ideen benannt werden.

– Zugleich scheint es mir wichtig, neben der ethischen auch die spirituelle Ebene des Textes im Blick zu behalten: Dem Wunder der Auferstehung wird hier das Wunder eines für immer überwundenen Todes zur Seite gestellt; das kann entlasten und erinnern, dass G"tt es ist, die und der menschliches Wollen ins Vollbringen überführt.

– Es bewahrt auch davor, nur im politischen Engagement zu verbleiben und ermutigt dazu, sich wechselseitig durch gemeinsames Essen und Trinken, Gespräch und Musik, Gebet und Stille auf dem Weg zum Frieden zu stärken.

Möglicher Schluss

Lassen Sie uns noch einmal zurückkehren an die Tafel am Tatort, von der ich anfangs erzählt habe. An diesem Friedenstisch, an dem jetzt Einheimische und Flüchtlinge sitzen, ereignet sich Folgendes:

Ernst und erwartungsvoll. Schauen alle Gesichter zu ihr. Geben ihr zu verstehen, dass sie etwas sagen sollte. Etwas, was auch ohne Übersetzung von und zu ihnen spricht. Da erhebt sie sich. Und summt und singt. In der Sprache des Großvaters. Von der Sehnsucht nach Frieden. Hevenu shalom alejchem (...). Ohne Text und Noten. Finden auch die

anderen hinein in die Melodie. Und einen immer schneller werden-
den Rhythmus. Bis Tempo und Takt nach unzähligen Wiederholungen
einen Salto machen .... Und sich das gemeinsame Summen und Singen
auflöst. In Lachen und Leichtigkeit.

Winkler, 2023, 168/169

Symbole, Aktionen

Denkbar wäre, in der Kirche oder im Gemeindezentrum einen möglichst langen Friedenstisch im Stil einer künstlerischen Installation
aufzubauen (zum Beispiel aus Biertischen, über die ein weißes und
beschreibbares Flies gelegt ist). Mit Tellern, Gläsern und Besteck können die einzelnen Plätze markiert werden. Servietten und Kerzen
schmücken den Tisch.

In der Zeit nach Ostern sind Menschen eingeladen, ihre Bitten für den
Frieden auf die Tischdecke zu schreiben oder zu malen. Am Wochen-
ende vor Pfingsten oder an Pfingsten wird mit möglichst vielen Menschen und Gruppen rund um den Friedenstisch ein Freudenmahl gefeiert. Dabei können nochmals Elemente vom Ostermontag aufgegriffen
werden – so dass erlebbar wird: aus der Vision des Jesaja gestaltet sich
Gegenwart.

Literatur:
Eugen Eckert / Friedrich Kramer / Uwe-Karsten Plisch, Durch Hohes
und Tiefes. Gesangbuch der Evangelischen Studierendengemeinden in
Deutschland, München 2008
Matthias Horx, 15 ½ Regeln für die Zukunft, Berlin ³2020
Margot Käßmann / Konstantin Wecker, Entrüstet Euch! Von der blei-
benden Kraft des Pazifismus, München 2022
Karl-Josef Kuschel, Leben ist Brücken schlagen. Vordenker des inter-
religiösen Dialogs, Ostfildern 2011
Michaeliskloster Hildesheim (Hg.), Befreit von Ängsten leben. Neue
Oster- und Pfingstlieder, München 2012
Vera-Sabine Winkler, Ein wenig Weiß und viel Schwarz, Roman, Müns-
ter 2023

Sigrun Welke-Holtmann

Erste Begegnung mit dem Text

Erschlagen, so fühle ich mich nach dem Lesen des Textes. Es ist der Anfang des Briefes und es kommt mir so vor, als wolle der/die Autor*in mit einem Feuerwerk beginnen. Vielleicht, um nicht gleich zu Anfang schon die Aufmerksamkeit der Lesenden zu verlieren. Große Begriffe werden gebracht: Barmherzigkeit, lebendige Hoffnung, Erbe, Seligkeit und das Ganze natürlich nicht einfach, sondern perfekt: unvergänglich, unbefleckt, unverwelklich!
Und Freude! Unaussprechliche und herrliche Freude – nach einer kleinen Zeit – wenn es sein soll – der Traurigkeit und Anfechtung.

Exegetische Skizze

Gott, der »uns« wiedergeboren hat (V. 3), stellt die begriffliche Verbindung zwischen Predigttext und Kirchenjahr, dem Sonntag Quasimodogeniti, her. Die syntaktische Einheit des Briefabschnitts umfasst eigentlich den gesamten Lobpreis V. 3–12, allerdings lässt sich die Abgrenzung V. 3–9 als Predigtgrundlage so vertreten, denn V. 10 wendet den Blick auf die Propheten und Engel, die das Heil auch schon gesucht, aber nicht gefunden haben. Der Text weist Elemente liturgischer, hymnischer Sprache auf, wie sie evtl. auch im Gottesdienst gebräuchlich war (vgl. auch Eph 1,3 ff.).
Die These am Anfang lautet, dass Christ*innen zu einer lebendigen Hoffnung wiedergeboren worden sind. Lebendig ist diese Hoffnung, weil sie ihren Grund in Gott selbst bzw. in der Auferstehung Jesu Christi hat, wodurch Jesus zum Christus wurde. Es steht also kein menschlicher Verdienst oder eine innere Haltung im Hintergrund, sondern Gottes Tat und das grundlos – aus Barmherzigkeit, aus grundlosem

Erbarmen. Anders als in den zeitgenössischen hellenistischen Mysterienkulten führt diese Wiedergeburt nicht einfach zur Unsterblichkeit oder zur Vergöttlichung des Menschen, sondern sie »ist vielmehr eine von Gott selbst geschaffene neue Lebenswirklichkeit« (Schrage, 70). Und diese Hoffnung ist verbürgt in Jesus Christus, als Erbe, das im Himmel bereit ist und am Ende der Zeiten offenbar werden wird. In der jetzigen irdischen Existenz drückt sich das Erbe-Sein dadurch aus, dass sich die Gläubigen als beschützt verstehen dürfen. »Diese Aussage ist keine den christlichen Stand zusätzlich unterstützende Tröstung, sondern sie beruht darauf, dass die berufenen Menschen seit der Auferstehung nicht mehr durch irgendjemanden auslöschbar sind – das ist hier ihr existentiales Behütetsein: Sie sind beschützt in der Kraft Gottes.« (Wagner/Vouga, 31)

Wie auch in der paulinischen Theologie bleibt also ein eschatologischer Vorbehalt (sprachlich in V. 5 auch so zu fassen: »in der letzten Zeit«). Die Gläubigen sind bereits durch Gott wiedergeboren, leben jetzt aber in der Zeit des Glaubens, der Zeit der Bewährung und der Erprobung, das Heil ist aber schon für sie bereitet und wird durch die Offenbarung Jesu Christi endgültig offenbar werden. Dann wird unaussprechlicher Jubel, d. h. alle menschliche Vorstellung und Ausdrucksmöglichkeiten übertreffend, herrschen (V. 8).

Der Vergleich mit dem verderblichen Gold im Feuer macht deutlich, dass »die gegenwärtigen Konflikte [...] die Hoffenden wie ein Feuer [belasten], aber sie zerstören sie in ihren Grundfesten nicht. Der Christ ist also nicht Gegenstand eines seinen Glauben verändernden Reinigungsprozesses, sondern er ist eingebunden in einen laufenden Prozess der Offenbarung, dessen Ziel klar ist: Die Welt wird verändert.« (Wagner/Vouga, 34)

Dass das Ziel des Glaubens hier schließlich mit der Rettung der Seelen (V. 9) benannt wird, ist im Neuen Testament eher ungewöhnlich und wirft Fragen auf (vgl. dazu Schrage, 72). Von einem Leib-Seele-Dualismus und einer Unsterblichkeit der Seele auszugehen, würde in jedem Fall zu weit gehen und diesen Vers überstrapazieren.

Ab V. 13 folgt im 1 Petr dann freilich die paränetische Wendung, die Aufforderung zu einem entsprechenden geheiligten Lebenswandel.

Der Lobpreis legt hingegen die soteriologische Grundlage und diese hat allein mit Gottes Wirken, mit der durch ihn gewirkten Auferstehung Jesu Christi zu tun. Die Gläubigen sind vielmehr hineingenommen in den Prozess des Offenbar-Werdens des endgültigen Heils. Sie sind mit einer lebendigen Hoffnung ausgestattet.

Ein guter Anknüpfungspunkt, eine Woche nach Ostern, am Sonntag Quaismodogeniti.

Literatur
Horst Balz / Wolfgang Schrage, Die Briefe des Jakobus, Petrus, Johannes und Judas, NTD 10, [14]1993
Gerald Wagner / François Vouga, Der erste Brief des Petrus, HNT 15/II, 2020

Weg zur Predigt

Was kommt eigentlich nach Ostern? Wie leben wir als lebendige Hoffnung? Diesen Fragen will die Predigt folgen. Texte des Textraums von Quasimodogeniti Gen 32,23–32 (Gottesbegegnung am Jabbok) und Joh 20,19–29 (Thomas – Zweifler und Bekenner) fließen als kleine Szenen mit ein. Es sind Szenen der Veränderung nach der Gottesbegegnung. Hoffnungsszenen sozusagen. Und, was folgt danach?

Predigtthema

Ostern – und was jetzt?

Vorschläge zur Liturgie

Psalm: Ps 116

Gebet
Gott, du hast Jesus Christus der Macht des Todes entrissen
Und ihm neues, unvergängliches Leben geschenkt.
Darum loben wir dich.
Wir danken dir:
Hoffnung gibst du, wo wir uns noch fürchten;
Freude verheißt du,
wo wir noch traurig sind;

Vertrauen pflanzt du in uns,
wo uns noch Sorge beherrscht;
Vergebung schenkst du,
wo uns noch Schuld belastet;
Leben weckst du,
Leben die Fülle.
Amen.

Agende I der Evangelischen Kirche der Pfalz, 520

Fürbittengebet

Gott Leas, Rahels und Jakobs:
Wir gehen unsere Wege.
Unerschrocken. Ängstlich.
Erwartungsfroh. Im Alltagstrott.
Doch Wege sind Wagnis. Immer. Geh mit uns.
Und geh mit den vielen, die sich verloren fühlen:
in der Fremde, in Gefangenschaft, in Krankheit, auf der Flucht.
Lasse sie nicht. Lasse sie nie.
Segne sie, und stell ihnen uns zur Seite:
Geschwisterlich. Umarmend. Weinend.
Und einmal wieder voller Freude.

Gott Israels, Gott aller Menschen:
Taten voller Hass und Niedertracht zerreißen unsere Zeit.
Vergeltung wird geübt und findet kein Ende.
Waffenruhe, Feuerpause, Waffenstillstand sind an der Zeit,
wo es scheinbar nirgends Frieden gibt. Den gibst nur du.
Und wir, wir lassen dich nicht;
es sei denn, du stiftest ihn: deinen Frieden!
Erst dann und nur dann bricht die Morgenröte an
und Menschen und Völker versöhnen sich:
Einst Feinde. Dann Freundinnen.
Einst Fremde. Dann Geschwister.

Gott, Vater Jesu Christi,
in der Stille vertrauen wir dir unsere Ängste an
und bitten dich um Beistand für uns und unsere Nächsten.

(Stille)

Ja, Gott des Himmels und der Erden,
trotz aller Zweifel, in allen Zweifeln
und gerade weil wir zweifeln, ringen wir mit dir
und danken dir für die Gemeinschaft und die Liebe,
das Hoffen und einen Glauben, der unsere Vernunft übersteigt.
Befiehl du deinen Engeln, diese Gemeinde hier zu behüten
wie deine weltweite Kirche und alle Glaubensgemeinschaften.
Olaf Trenn

Lieder: EG 100 Wir wollen alle fröhlich sein; EG 209 Ich möcht', dass einer mit mir geht; EG 432 Gott gab uns Atem, damit wir leben; Wo wir dich loben, wachsen neue Lieder 36 Es gibt bedingungslose Liebe; Wo wir dich loben, wachsen neue Lieder 213 Wenn Glaube bei uns einzieht

Vorschlag zur Predigt

Möglicher Anfang

Langsam erhebt sich Jakob. Morgenröte färbt den Himmel ein und er spürt jeden einzelnen Knochen in seinem Körper. Er kann noch nicht auftreten, die Hüfte hat es erwischt. Er versucht, das Bein nicht ganz zu belasten, zieht es eher hinterher. Es war eine harte Nacht – so könnte man es kurz zusammenfassen. Ganz genau erzählen, was geschehen ist, kann er nicht. Es war irgendwie ein Kampf, ein Ringen – so viel ist sicher – auf Leben und Tod. Das spürt er noch. Und er ist froh, dass er überhaupt überlebt hat. »Na ja, vielleicht auch ein bisschen gewonnen!« Der Gedanke schießt im durch den Kopf, dicht gefolgt von einem stechenden Schmerz, und es ist nicht klar, ob es ein Lächeln ist oder das Ziehen in seiner Hüfte, das seine Lippen verformt.
Und was kommt jetzt?
Jetzt sammelt er seine müden und schmerzenden Knochen zusammen und geht seiner Familie hinterher und seinem Bruder entgegen. Er wird sich entschuldigen für all das, was er seinem Bruder angetan hat. Schlimmer als heute Nacht kann es nicht werden – hoffentlich.

Er hat das nicht wirklich gesagt! In der Rückschau schämt er sich ein bisschen, ein bisschen ist er aber auch stolz, dass er es durchgezogen hat. Die können einem ja viel erzählen. Klar – er war da – wieder da –

einfach so – nach all dem, was passiert war. Nach all dem Schmerz, der Angst, der Unsicherheit kommt er einfach zur Tür reinspaziert und sagt »Hallo«, als wenn nichts gewesen wäre. Er ist doch nicht blauäugig! »Wenn ich nicht selbst ... – nein – dann glaube ich das schon mal gar nicht!«

Und dann gestern das. Auf einmal steht er vor ihm. Einfach so. »Gib deinen Finger her und leg ihn in die Wunde! In meine und in deine!«

Er kann es immer noch nicht fassen, begreifen, was er da berührt hat, was ihn angerührt hat. »Mein Herr und mein Gott!«

Und was kommt jetzt?

Er weiß noch nicht, was er morgen machen wird und ob es ihm gelingt, zu glauben auch ohne dass er die Dinge anfasst, diese Glaubensdinge in ihrer Tiefe begreift und den Finger in die Wunde legen kann. Ob er den Zweifel einfach so überwinden und über Bord werfen – loslassen kann?

Er wird es versuchen. Und scheitern. Und es wieder versuchen. Hinfallen und wieder aufstehen. Vor allem das: Wieder aufstehen. Mitten im Leben. Denn um liegen zu bleiben, dafür ist das alles viel zu groß. Zu wunderbar. Zu kostbar. Zu einmalig. Was Thomas nicht wissen, nicht begreifen, ja nicht einmal ertasten und spüren kann: Ausgerechnet er wird zu einer lebendigen Hoffnung für die vielen Christenmenschen, denen das Gottvertrauen, der unmittelbare, manchmal kindliche Glaube abhandengekommen sind. An seiner Hand werden sie Wege zum Auferstandenen finden und in seiner Nähe neue Zuversicht und neue Gewissheit in all ihren Zweifeln.

Hoffentlich.

Zum weiteren Verlauf

Wer möchte, kann im Mittelteil auf den Sonntag eingehen.

Quasimodogeniti – wie die neugeborenen Kindlein, so heißt der Sonntag heute in der Tradition der Kirche.

Weißer Sonntag – nach der Taufe in der Osternacht zum ersten Mal mit weißen Kleidern in den Gottesdienst gehen.

Auch ein Hoffnungsbild?

Unser Abschnitt aus dem Petrusbrief beginnt mit der Zusage, dass »wir« durch die Auferstehung Jesu zu einer lebendigen Hoffnung geworden sind.

Welche Bilder lassen sich heute zeichnen?

Woran merken Sie, dass Sie eine lebendige Hoffnung sind? Woran könnten das andere merken?

Unsere Gemeinde – eine lebendige Hoffnung? Für wen? Und durch was?

Wie verbinden wir uns heute mit der Auferstehung Jesu, ohne sie rein ins Diesseits zu holen. Ist sie noch eine eschatologische Dimension? Wie verändert sie Lebenswirklichkeit – meine Lebenswirklichkeit?

Möglicher Schluss

In der Osternacht hat Lena ihr Kind taufen lassen. Eigentlich wollte sie ihr Kind selbst entscheiden lassen, wenn es alt genug ist. Das hatte sie sich vor der Geburt vorgenommen. Damit es selbst ja oder nein sagen kann zu all den Dingen. Wir haben heute schließlich Religionsfreiheit. Sie selber wurde als kleines Kind getauft und kann sich nicht mehr daran erinnern. Und wenn sie ehrlich ist, da kann sie bis heute das ein oder andere nicht verstehen – trotz Konfirmandenunterricht, sie ist dann halt einfach so hineingewachsen. In die Geschichten, in die Tradition. Ihre Mutter und auch die Oma haben Stress gemacht: »Du kannst das Kind doch nicht ungetauft lassen!« Hätte sie wohl können.

Und dann hat sie gemerkt, dass man das alleine gar nicht alles schaffen kann. Dass es mehr braucht, als man, als sie selber machen kann. Sie hat gemerkt, dass das Leben eine Tiefe braucht und auch eine hat. Eine Tiefe und Weite, die man gar nicht ganz begreifen kann. Und so hat sie sich entschieden, diesen Gott mit in die Pflicht zu nehmen und ihre Tochter taufen zu lassen.

»Gott, Vater, Sohn und Heiliger Geist, gebe dir seine Gnade, Schutz und Schirm vor allem Bösen, Kraft und Hilfe zu allem Guten, um Jesu Christi Willen. Amen.« So hat die Pfarrerin gesagt, während das Wasser über den kleinen Kopf geflossen ist.

Und was kommt jetzt?

Lena sieht ihre Tochter an. Hat sich etwas an ihr seit der Taufe verändert? Sie kommt um die Ecke gerannt und strahlt sie an. Quer über ihr Knie ist ein Pflaster geklebt. Heute Morgen waren die Füße zu schnell für den Rest des kleinen Körpers. Hinfallen und wieder aufstehen, weinen und pusten, Vertrauen in die Mama, die einfach alles heilen kann. Lena lächelt. Ihre Tochter ist echt ein Wunder, und ein Geschenk, ein Gottesgeschenk – eine lebendige Hoffnung.

Was die Pfarrerin gesagt hat, wird für Lena in diesem Moment sichtbar,

ja, spürbar. In aller Kraft und auch in aller Unverstehbarkeit. Das Leben ist mehr, weiter und tiefer, und nicht nur hier und jetzt, sondern hat eine ewige Dimension. Die Taufe bewahrt ihre Tochter nicht vor dem Hinfallen, aber sie gibt Kraft, aufzustehen und zu vertrauen, hoffentlich. Sie wird ihren Weg gehen, da ist sich Lena sicher, aber sie wird ihn nicht alleine gehen.
Amen.

Gestaltungsidee
Hoffnungsbilder – wir leben in einer Bilderwelt. Zu jeder Zeit hat jeder und jede eine Kamera dabei, und ich erlebe es vor allem bei Konzerten, dass es Menschen oftmals wichtiger ist, ein Bild zu machen, als eine Situation einfach zu erleben. Und gleichzeitig erlebe ich es auch, dass Bilder, die mich an etwas erinnern, Kraft und Hoffnung geben können. Der Gottesdienst könnte eine Ausstellung mit Hoffnungsbildern machen. Vielleicht sogar von Konfirmandinnen und Konfirmanden zusammengestellt.

Kontexte und Tipps zum Text
Mehr als dies, Heinz Rudolf Kunze, 2005 (Song zum 30. Evangelischen Kirchentag in Hannover)

Autorinnen und Autoren

Pfarrer Martin **Auffarth**, Freiburg i. Br.
Dr. Urte **Bejick**, Baden-Baden
Pfarrer Frank **Bohne**, Markkleeberg
Pfarrer Lutz **Gräber**, Luhden
Pfarrerin Reinhild **Koring**, Langballig
Pfarrerin Claudia **Neuguth**, Dallgow
Pfarrerin Julia **Neuschwander**, Oldenburg
Pfarrerin Dr. Ute **Niethammer**, Freiburg
Pfarrerin Sabine **Ost**, Berlin
Pfarrerin Monika **Renninger**, Stuttgart
Pfarrer Andreas **Riebl**, Hamburg
Pfarrerin Bettina **Schwietering-Evers**, Berlin
Pfarrer Hartmut **Stuber**, Schwieberdingen
Pfarrer Thomas **Thieme**, Michendorf
Pfarrer Olaf **Trenn**, Berlin
Pfarrerin Dr. Sigrun **Welke-Holtmann**, Homburg/Saar
Pfarrerin Dr. Vera-Sabine **Winkler**, Gorxheimertal
Pfarrerin Sylvia **Winterberg**, Neu-Bamberg